国家骨干高职院校旅游类规划教材

会展项目策划

主 编◎李炼 何祥

中国旅游出版社

国家骨干高职院校旅游类规划教材
编委会

前　言

会展业近年来发展态势迅猛，与旅游业、房地产业并称为三大新经济产业，已经成为国家新的经济增长点和第三产业的重要组成部分，并以年均增长 20%以上的速度发展，创造着巨大的经济效益和社会效益。会展教育的发展刻不容缓。

《会展项目策划》是会展策划与管理专业的专业核心课程，是对该专业学生综合能力的集中训练和提升。按照会展项目的相关工作流程和管理的不同方面，教材共分为八个项目。分别是：会展项目策划与管理、会展项目选择与启动、会展项目组织策划、会展项目计划、会展项目财务管理、会展项目现场管理、会展项目危机管理和会展项目评估。

本教材由成都职业技术学院旅游分院会展策划与管理专业教师和行业专家共同完成。具体分工为：成都职业技术学院旅游分院张芝敏编写项目一、项目七；成都职业技术学院旅游分院李炼编写项目二、项目五；成都职业技术学院旅游分院何祥编写项目三、项目六；成都职业技术学院旅游分院宋慧娟编写项目四、项目八。编写过程中，我们走访了成都、上海、杭州、青岛等城市的多家会展企业，从企业获得了丰富的素材，并认真听取了会展从业人员对本教材的建议，对此表示衷心的感谢。

作为西部地区高职院校首次进行会展类教材编写，本教材在结构体系和内容上仍有诸多不足，敬请广大专家和读者批评指正。

编　者

2015 年

目录

CONTENTS

会展项目策划与管理

职业能力目标

能区分项目和会展项目；掌握项目管理的管理要点；了解会展项目经理的界定；掌握会展项目经理应具备的素质；明确会展项目经理的角色定位。

任务导入

某地区欲打造一个全新的定期举行的品牌会展项目，现指定一个会展项目经理负责此项目，应该怎样做好会展项目经理的工作呢？

任务一　项目与会展项目策划

在现代市场经济中，项目已经成为组织经营活动的一种典型形式，其应用已从最初的建筑施工延展到科学研究、商业贸易、文化教育以及军事等各个领域，一个成功的项目能托起一个企业，因此项目管理工作在全球得到了广泛的重视。

会展业以会议和展览为中心展开各项工作。由于会议和展览的时效性很强，因此要求会展组织者在有限的时间里做好各项组织工作。在这一过程中，如果以项目管理的理念贯穿始终，能更好地实现时间、范围、成本和质量的有效成果，使会展组织者能最大限度地实现会展的目的。会展的总体方案是一个会展项目的纲领，能为整个会展项目指明方向，确立架构，它既是项目一定程度的总结，也是指导会展项目开始的基础，在会展项目中起着非常关键的作用。

一、项目的定义

一般认为，项目是项目管理的核心概念。从广义上说，项目是一个在特定时间完成的具体而又明确的任务，项目是作为被管理对象的单次任务，是单次性活动的一种组织管理模式。

根据项目的特性可以给其下这样一个定义：项目是一项为了创造某种唯一性的产品或服务的时限性工作。所谓时限性是指每一个项目都要有明确的开端和明确的结束；所谓唯一，是指该产品或服务与同类产品或服务相比，它是一项为了创造某种唯一的产品或者服务的时限性工作，该项产品或者服务必须与同类相比具有明显的差异性和独特性。

二、项目管理的定义

项目管理是指项目管理者为了实现其目标，按照客观规律的要求，运用系统工程的观点、理论和方法，对执行中项目的发展周期的各阶段工作进行计划、组织、控制、沟通和激励，以取得良好效益的各项活动的总称。

项目管理的含义包括以下五个方面：

（1）管理的主体。管理的主体是项目管理者，即投资者或者经营者（项目业主）对项目发展周期全过程的管理。

（2）管理的客体。项目发展过程中的全部工作。

（3）管理的目标。在时间、成本和质量的要求下实现项目预期目标。

（4）管理的职能。经典管理学中的计划、组织、控制、沟通与激励的职能在项目运转过程中的应用将会有效保证项目目标的实现。

（5）管理的要求。管理过程中，我们需要在下面这些相互间有冲突的要求中寻找平衡：范围、时间、成本和质量；有不同需求和期望的项目设计人员；明确表示出来的要求和未明确表达的要求。

三、会展项目的概述

会展业是现代都市以完善的基础设施和健全的都市服务体系为支撑，通过举办各种不同形式的会议或者展览活动，吸引大批与会、参展人员及一般游客前来进行经贸洽谈、文化交流或者观光旅游，以此带动城市相关产业发展的一项综合性经济产业。会展项目作为一种新兴的项目形式，具有自身的项目特色，与其他项目存在着明显的差异。概括而言，会展项目的内涵和特征主要体现在以下四个方面：

（1）顾客导向性。会展项目是以提供令客户满意的服务为目标的。会展业属于第三产业，也是一种有着自身特点的服务业。从服务业的本质出发，要求会展的从业人员围绕人来工作，以人的需求为导向，最终实现顾客的满意。因此从目标上来看，会展企业引进项目管理的运作方式使企业最大限度地实现会展目的，服务好参展商及观众。

（2）项目连带性。实施一个会展项目往往会涉及服务、交通、通信、建筑、装饰等诸多部门，能直接或者间接地带动一系列相关产业的发展。因此以城市为依托的会展项目的开展，往往关联地连带整个城市的治理和建设，提高城市的综合竞争力。

（3）客户广泛性。会展项目以客户群体而非个体为对象。会展项目的服务对象是以参展商和观展商为主的客户群，会展项目的构思与启动要以充分调研两个客户需求市场为基础。一个成功的会展项目往往把会议、展览和文化、旅游等活动有机结合起来，一方面吸引大量的参展商参展，丰富展会内容，另一方面也增强观众的吸引力，扩大参展规模。

（4）效益整合性。会展项目的投资收益是整合性的。这种整合性体现在：一方面，使会展项目在取得经济效益的同时，也取得巨大的社会效益；另一方面，项目的连带性也决定了项目收益由多方构成，具有整合性的特点，是高收益、高利润的项目。

四、会展项目的分类

会展活动是指在一定的地点和一定的日期和期限里，通过展示达到产品、服务、信息交流的一种活动形式。它包含各种类型的会议、展览、体育赛事、节庆等。因此，会展项目就是以各种会展活动为管理对象的新型项目形式。从不同的角度出发，可以把会展项目分成不同的类型，不同类型的会展项目又有不同的特征。

（一）按性质分类

按会展项目性质来分类，可以分为贸易类会展项目和消费类会展项目。

贸易类会展项目是为产业及制造业、商业等行业举办的展览活动，展出者和参观者主体都是商人，参展商可以是行业内的制造商、贸易商、批发商、经销商、代理商等相关单位，参观者主要是经过筛选邀请来的采购商，一般的观众被排除在外。展览的最终目的为交易。

消费类会展项目是为社会大众举办的展览活动，这类会展项目大多具有地方性质，展出内容以消费品为主，通过大众媒介如电视、电台、报刊、网络等吸引观众。观众主要是消费者，一般来说，消费者需要购买门票入场，这类项目非常重视观众的数量。

区分展览项目是贸易性质还是消费性质，主要的标准是观众的组成，即观众是贸易商还是一般消费者，而不是以展品，即工业品或消费品来反映。

（二）按内容分类

按会展项目内容来分类，可以分为综合类会展项目和专业类会展项目。综合展览是指包括全行业或数个行业的展览会，也被称作横向性展会，如重工业展、轻工业展；专业展览指展示某一行业的展览会甚至某一项产品的展览会，如钟表展。

会展活动也包括会议，会议洽谈型会展项目主要是指以重要城市为中心而举办的综合性的国际会议及大型论坛活动等，如 APEC 会议、亚洲博鳌论坛等。这类会展项目具有以下特性：

1. 重复性强

会议洽谈型项目一般是定期举办的会展项目，重复性强。尤其是一些大型的国际会议，每年定期举行，但每届的举办地一般安排在不同的洲、不同的国家、不同的城市，在同一城市举办的可能性较小。

2. 服务全面

会议和展览不同，服务范围更加全面。一次大型的会议，从音响、通信、信息系统、场地布置到会间服务都要全面到位。比如，餐饮服务，一般的展览项目要求比较简单，只提供基本餐饮，而会议洽谈型项目通常要提供包括早餐、中餐、晚餐等全方位服务，开会期间一般还有茶水服务。

3. 参会人数少

会议洽谈型项目与前几种展览项目不同，与会人员有一定的人数限制。一般的展览会都有上十万的人流量，而会议型项目有上千人就算很大规模了。同时，高规格的会议与会人员有较高的专业与其他条件要求。

任务二　会展项目管理

一、会展项目管理的过程

项目管理的过程是指项目生命周期中产生某种结果的行动序列，基本管理过程可归纳为五个阶段：项目启动阶段、项目规划阶段、项目执行阶段、项目控制阶段、项目结束阶段。

启动阶段：确认一个项目或者一个阶段应当开始并付诸行动。

规划阶段：为实现启动过程提出目标而制订计划。

执行阶段：为计划的实施所需执行各项工作，包括对人员和其他资源进行组织和协调。

控制阶段：监控、测量项目的进程，并在必要的时候采取纠正措施，以确保启动阶段提出的目标得以实现。

结束阶段：通过对项目或者项目阶段成果的正式接受，以使从启动阶段开始的这一周期有条不紊地结束。

项目的每个阶段都要经历以上五个阶段的基本管理过程。这些并非独立的一次性事件，是按一定的顺序发生，工作强度有所变化，并互有重叠的活动。

二、会展项目经理

项目管理是以个人负责制为基础的管理体制，会展项目经理就是会展项目全面管理的核心和焦点，项目经理要为展览公司按计划在有限的资源范围内实现会展项目目标。这涉及会展项目的所有方面，如招展、招商、代理商的谈判、现场管理、合同和财务、与项目各方协调关系，等等。因此，项目经理的个人素质、能力、其授权的程度直接影响到项目的实施。在工作中，项目经理要能根据实际情况，提出明确的判断，解决各项资源（包括资金、人力、政府资源和信息等）的合理利用问题，出色地完成任务。

（一）项目经理人角色定位

对于一个成功的会展项目，项目经理是不可或缺的主要因素。除了在对项目的计划、组织、实施、控制方面发挥领导作用外，项目经理还应具备一系列技能来激励项目人员完成工作，赢得客户信赖。培养员工的能力、非凡的沟通技巧、良好的人际交往能力、处理压力和解决问题的能力以及管理时间的技能，都是一个卓有成效的会展项目经理所具备的能力。作为项目经理常常要扮演如下的角色：

1. 领导者

项目经理对会展项目行使管理权，也对项目目标的实现承担全部责任，他所要扮演的角色是其他人所不能替代的。项目经理是会展项目团队的最高领导人，负责沟通、协商、解决各种矛盾、冲突和纠纷，制定各项明确的目标、目标重要性的排序以及达到各项目标的先后顺序；以项目目标与目标的顺序为衡量标准，对于下属的各种建议和意见做出反应；谨慎行事，以身作则，身体力行为下属树立典范；领导语言的通俗化，使组织中最基层的人都明了自己的作风和想法。

2. 协调者

一个会展项目会涉及许多组织、群体和个人的利益，这些组织、群体或个人都是这一项目的相关利益主体和相关利益者。一个成功的会展项目经理必须协调好与组织内部和组织环境各相关利益者之间的关系。在项目管理中，一个项目的主要相关利益主体通常包括以下几个方面：

（1）展览公司。展览公司是展览项目的投资人和所有者，是展览项目的最终决策者。

（2）会展项目客户。主要是参展商和采购商。

（3）会展项目经理。负责管理整个项目的个人。一个项目的领导者、组织者、管理者和项目管理决策的制定者，也是项目重大决策的执行者。

（4）会展项目团队。从事项目全部或者部分工作的组织和群体。是由一组个体或几组个体作为成员，为实现项目目标而协同工作的群体。

（5）会展项目的其他相关利益主体。政府主管部门，行业协会，展览场馆，项目直接或者间接涉及的市民，搭建商、运输、餐饮、住宿、交通、旅游服务等。

3. 资源分配者

“资源分配者”的角色，职责包括对诸如“谁应该得到什么，以及得到什么”进行决策。或许一位经理所能分配的最重要的资源是他的“宝贵时间”。要演好这一角色必须：

（1）要有众所周知的分配资源的明确标准；

（2）资源通常都按目标的先后次序分配；

（3）合理的工作分类，适当的授权；

（4）合理细分展览市场，划分下属的业务范围和业务区域；

（5）合理地为项目团队的时间排定先后顺序；

（6）对于各种事务不抱成见，应以开诚布公的态度来观察。

4. 谈判者

与其他项目的管理不同，会展项目经理始终处在一个谈判场里，如制定公司的目标，组成一个项目团队，与参展商、采购商交流，甚至争取政府有关部门的支持等，几乎每项工作都是一个谈判、讨价还价的过程。对整个会展项目来说，每一个展位的销售都是经过谈判而来的，都是和参展商讨价还价的结果，会展项目经理需要特别注意授权问题，既需要明确“什么样的谈判情况才需要项目经理亲自出马，什么样的情况则留给下属自行处理即可”，否则能力再强、精力再足的项目经理也分身乏术。

（二）会展项目经理应具备的素质

现代项目经理是项目管理的中心。项目经理的素质对项目管理的绩效举足轻重，会展行业的特殊性决定了对会展项目经理的素质有更高要求。会展项目经理需要具备下列三种能力：

1. 团队领导能力

会展项目经理首先必须是一个合格的团队领导者，他所肩负的责任就是领导他的团队准时、优质地完成全部工作，在不超出预算的情况下实现项目目标。这需要会展项目经理必须具备良好的信誉，使项目团队成员觉得他是一个有诚信、有效率、有能力的项目经理；他必须具有灵活的人际关系，善于在各团队成员之间和公司各支持部门之间进行协调；有广泛的经营常识（不要精通，但要全面），知道各个团队成员所负责工作的功能和经营管理方法，能够正确确定哪些工作应由团队内部的哪些人员完成，哪些工作应交给承包商完成；有卓越的指导能力，能够协助团队成员解决问题，或者懂得什么时候需要聘请外部专家来解决问题；有高度的学习意愿与创新意图，因为他是团队内部营造创新环境、推动创新观念的关键人物。最后也是最重要的一点是他还必须具备激励团队的士气、为团队成员创造工作意义的能力。

2. 项目经营能力

很多会展项目经理认为自己是一个执行者而不是计划者，当接受一项任务时第一反应就是开始着手解决这个问题。然而在会展经济不断国际化、全球化的今天，会展项目成功必须依靠创新精神与创新能力，因此，项目经理必须有与高层一同研讨策略、设定目标并排列目标优先顺序的能力。项目经理还是会展项目的设计师，他必须正确设定会展主题、精心设计节目。项目经理必须善于着眼于大事务。

3. 项目管理能力

项目经理要有规划技巧。项目经理进入项目执行之前，首先要制定一份完备的工作进度表，对展前、展中、展后各个阶段，在什么时间完成什么事进行详细的规划，并在项目实施过程中监督执行。会展项目的各项工作是环环相扣的，哪些工作可以“并行”，哪些工作必须“串行”，哪些工作需要多少资源，都必须认真规划，并在执行过程中做到任务、进度、资源三落实。同时，要知道再完美的计划也会时常遭遇不测，项目经理应该能够预测变化并且能够适应变化，在项目发生变化时能够及时做出调整。

一个项目经理最重要的特质就是辨识和解决问题的能力。这同时也决定了项目经理要有风险管理能力，能够在信息不完备的情况下做决定，预先进行风险确定、风险冲击分析以及风险应对计划，并在危机事件发生时进行正确处理。另外还有质量管理能力，熟悉基本的质量管理技术；合同管理能力，要求掌握较强的合同管理技巧，了解签约中关键的法律原则；交流能力，能与他们的经理、客户、厂商及下属进行有效的交流；成本管理能力，处理诸如成本估计、计划预算、成本控制、资本预算以及基本财物结算等事务；国际事务处理能力，了解国际惯例和相关国家的语言、文化、习惯、法律规定等。

任务解决

对拟打造项目了解情况，进行会展项目经理的指定，确认工作任务、项目管理的要点。

实训任务

动漫展立项策划书撰写

任务分析：

假设你是某会展项目的项目经理，请根据会展项目经理的工作流程，制订会展项目经理工作计划。

操作步骤：

组织分工：教师将学生每5~8人分为一组，设组长1名。

任务研究：会展项目经理的工作流程、角色、工作职责、范围。

注意事项：教师主要是审核学生会展项目经理的工作计划是否合理、项目管理的重难点是否正确。

项目内容小结

会展项目管理是一个展会项目能否顺利进行，达到如期效果的保障。

项目二

会展项目选择与启动

职业能力目标

会利用信息收集方法获得信息；掌握会展项目申报程序；能进行会展项目可行性分析报告的撰写。

任务导入

某地区欲打造一个全新的定期举行的品牌会展项目，怎么做可以实现这一产业目标呢？

任务一　会展项目的选择因素

一、会展项目选择的社会因素

社会环境因素包括政治因素、经济因素、社会因素、时代因素等内容。由于会展项目主要是为与会人员或参观者就某一热点问题提供交流合作的平台，其主题通常是社会所关注的焦点和热点问题。唯有密切结合当时的政治局势和区域经济状况，深入探讨或真实表现社会的会展项目才能充分引起受众的关注，并产生较广泛的影响和较高的经济、社会等效益，从而实现举办会展项目的具体目标。因此，这些具有鲜明时代和社会特色的环境因素是前期信息收集工作中必须获取的信息资源，也是在会展项目的选择过程中必不可少的决策依据。

二、会展项目选择的行业因素

会展项目的选择与项目所涉及的行业密切相关，不了解该行业的发展状况而盲目介入一个会展项目的管理，是具有很大风险的。因此，会展的组织者在选择或策划会展项目时必须从以下几个方面认真考虑和分析相关的行业因素，以避免投资或介入的风险。

（一）会展项目涉及的行业发展现状

组织者应当非常熟悉该会展项目所涉及的行业发展现状，要对相关产业的市场结构、竞争状况、目前的利润分布状况和市场的开放程度等情况有深入的了解。例如，上海国际建材博览会，组织者与行业紧密合作，对行业的发展状况、趋势以及市场空间了如指掌，因此这个展览会越做越大，现已成为行业发展的风向标。

（二）相关行业或产业是否具有发展潜力

与所选择的会展项目相关的行业或产业是否具有发展潜力，以及未来的市场空间有多大也是组织者必须充分考虑的因素。市场有潜力，展会参展商及参展观众才有发展的余地。

市场潜力的大小通常可以通过现有市场规模、市场发展水平和竞争程度、市场辐射力等指标反映出来，如组织者可以考察该行业产品购买者的需求结构、购买动机和行为、购买决策方式、销售渠道等内容来判断其潜力。一般而言，较成熟的市场已被竞争者分割完毕，此时为多占据一定市场份额往往要付出很大努力，因此这类市场竞争会很激烈，组织者可以通过竞争的激烈程度判断市场的潜力大小。

（三）举办地产业政策导向

会展举办地的产业政策导向，对会展项目所涉及行业的发展同样具有重要影响。中国义乌国际小商品博览会（“义博会”）的成功充分说明，展会的主题与区域经济以及市场发展导向有着密切的关联。随着全球性劳动密集型产业向我国转移加速，义乌成为重要的小商品集散中心，小商品产业聚集发展，以义务为中心在金、台、温、丽等地区形成国际性的小商品产业带，促进了市场产业簇群式发展，进一步巩固和扩大了市场在国际产业分工中的地位。而“义博会”以“面向世界、服务全国”为办展宗旨，对扩大商品出口，提升小商品制造业，促进区域经济发展发挥了积极的推动作用，已成为目前国内最具规模、最具影响、最有成效的小商品专业展会，位居全国著名品牌展会之列，先后被评为2002年度中国会展业十大新闻事件之一、2003年度中国十大新星会展之一。

三、会展项目选择的市场因素

会展的举办是针对一定对象进行的，主办者选择的会展项目必须是有市场需求的项目。这里所说的市场需求包括两个组成部分：

（一）参会者或参展商要有参加会展的需求

具体而言，对参会者或参展商的考虑包括了解和统计分析他们所关注的主题、可能会提出的要求、在某地区或某行业的影响力和辐射力等。尤其对于展览项目的举办者而言，可以通过向前几届举办者索取参展商信息，了解并分析这些公司的状况和在行业内的业绩表现，以及是否连续参展等，以估计本次展览的规模、成交额区间和参展商的特定要求等。

（二）会展为产生预期影响所要吸引的观众的需求

对会展的目标观众的考虑包括观众的总数、从属行业、职务、来自地区等。通常认为，目标观众的数量越多，会展的质量和效果越好，因此观众可算是决定会展项目质量的重要因素之一。通过了解观众的总体规模、是否来自会展项目主办者所期望的行业、对订货的决策权和影响力有多少、来自哪些地区等情况，主办者大体能够得出现有环境和条件与会展质量的对应关系，从而为选择会展项目的决策提供依据。

四、举办者自身因素

会展项目的举办是一项相当耗费财力、人力和精力的工作，因此在选择会展项目时必须结合项目主办者自身条件量力而行。自身因素主要包括以下四个方面：

（一）财力因素

财力因素是指举办者是否有充足的资金支持所举办的会展项目。组织会展的每个环节都需要费用，要注重协调会展的需要条件，做出相应的决策，并统筹安排预算。如上海国际建材博览会在筹备期的运作资金就占整个展会资金的50%。

（二）人员因素

人员因素是指项目团队成员的素质是否能达到会展项目的要求。在考虑人力资源的调配时，主办者要考察自身能否在短期内为各项工作配置充足的人力资源，以及自身是否能够选择和培训人员，使之具备相应的专业知识和技术能力，如上海国际工业博览会常年设立一个筹备组，以确保全年运作。

（三）时间和精力因素

主要是指工作人员是否具备足够的时间和精力做充分的筹备工作。对时间和精力的考虑要注意：展览工作的周期一般比较长，前期筹备工作需要充足时间，而主办者要尽量保持筹备工作和工作人员的连续性。

（四）管理因素

管理因素是指组织者是否具备举办所选择会展项目的管理经验和水平。在考虑管理因素时，选择的会展项目的级别和规模要与自身的管理水平相适应，超越自身管理能力举办高级别、较复杂的会展项目，或是选择在自身能力范围内，却与现有水平相差很远的会展项目，都是一种资源的浪费，是不可取的决策。例如，华东进出口商品交易会的长足发展，就是在管理体制上的双轨制的成功典范。

任务二　会展项目的立项与报批

一、会展项目立项步骤

（一）成立策划小组

会展策划工作需要集合各方面的人士进行集体决策，因此，首先要成立一个会展策划小组，具体负责会展策划工作。一般而言，会展策划小组应由以下几类人员组成：

1. 策划主管

一般由总经理、副总，或业务部经理、创作总监、策划部经理等人担任。在会展公司里，业务主管（贸易展示会经理）具有特殊地位，他是沟通会展公司与展会服务承包商、参展商的中介，一方面代表会展公司与展会服务承包商、参展商等洽谈业务，另一方面又代表展会承包商、参展商等监督会展公司一切活动的开展。

2. 策划人员

一般由策划部的正副主管和业务骨干来承担，主要负责编拟会展计划。

3. 文案撰写人员

专门负责撰写各种会展文案，包括会展常用文书、会展业务社交文书、会展业务专用文书、会展业务推介文书、会展业务事务文书、会展业务合同协议文书、会展业务法律文书等。文案撰写人员应该能够精确地领悟策划小组的集体意图，具有很强的文字表述能力。

4. 美术设计人员

专门负责进行各种类型视觉形象的设计。美术设计人员是策划小组很重要的组成部分。因为在整个会展策划过程中，诸如各种类型的广告设计、展示设计、展示空间设计等都需要美术设计人员的参与。美术设计人员必须具有很强的领悟能力和很强的将策划意图转化为文字、图画的能力。

5. 市场调查人员

负责进行各种复杂的市场行情调查，并能写出精辟的市场调查报告。

6. **公关及媒体联络人员**

负责为会展公司创造融洽、和谐的公众关系氛围，以获得各方面的支持和帮助，同时还能够从公关的角度提供建议。要求熟悉各种媒体的优势、劣势以及刊物价格，并且与媒体有良好的关系，能按照会展策划的部署，进行媒体规划，争取最佳的广告宣传效果。

在会展策划过程中，由业务主管负责，各方面人员需要通力配合，协调一致，共同做好会展策划工作。

（二）进行市场调查

市场调查是以科学的方法，有系统、有计划、有组织地收集、调查、记录、整理、分析有关产品或劳务市场等信息，客观地测定与评价，发现各种事实，用以协助解决有关营销的问题，并作为各种营销决策的依据。

会展市场调查是会展策划的基础。从传播学的角度来看，市场调查是会展策划者为了了解市场信息，把握市场动态，进而确定会展目标和主题，编写会展策划方案，选择会展策略，检查会展效果等所必需的调研工作。只有在系统地收集有关市场与相关背景的资料，并加以科学概括分析基础上确立的会展计划，才能卓有成效地实现其总体目标。

在执行市场调查时，不仅要考虑本区域的优势产业和主导产业，还要考虑重点发展中的行业、政府扶持的行业等。具体分析行业市场状况，要摸清市场的归属，是买方市场还是卖方市场等。

以一次会展为例，主办者需要将市场调研的重点放在以下四个方面：

（1）市场前景分析（如政策可行性、市场规模及类型等）。

（2）同类展会的竞争能力分析。

（3）本次展会的优势条件分析。

（4）潜在客户需求调查。

总之，在瞬息万变的市场中，如果没有科学的市场调研和预测做先导，会展的策划、运作就很难达到预期的目的。

（三）制定会展策略

做出会展决定是个决策过程，应该有相应的程序。在一般情况下，会展决策应考虑营销需求、市场条件、营销方式、内部条件等因素。在充分地进行市场调研与预测之后，接下来，需要进行会展目标市场的定位和制订会展营销计划。

以展会为例，组织者在进行目标市场定位时需要考虑以下因素。

1. **展会的类型**

组织者首先要明确自己主办的是什么类型的展会，因为政府主办的会展、公益性质的会展和商贸会展在具体操作模式和策略的制定上有很大的区别。

2. 产业标准

导致会展目标市场定位复杂的原因之一是一次会展往往要涉及多个产业。例如，举办一次汽车展，组织者除考虑汽车生产企业划分，还要努力吸引销售、运输等汽车需求较大的企业，甚至一些研究机构等。

3. 地理细分

由于不同地区的参展商和专业观众有着不同的需求特征及营销反应，所以地理变量经常被作为细分会展市场的依据。在进行地理细分时，展会组织者不仅要分析不同国家的展商对会展的个性化要求，而且要弄清参展商在本国的具体分布，这样才能行之有效地进行决策。

4. 行为细分

行为细分是根据参展商的参展动机、购买动机、购买状态或对会展的态度等进行划分，其中参展动机被认为是进行会展市场细分的最佳起点。

决定会展策略应该在充分掌握现有相关资料的基础上进行，如宏观政策环境、企业经营实力、会展市场竞争状况、顾客满意程度等。从会展营销的角度来说，一份会展营销计划应包括会展营销现状分析、企业（或具体会议、会展）SWOT 分析、营销目标的确立、市场营销组合策略、具体的行动方案、营销预算费用以及营销计划与控制等。

（四）制定媒体策略

现代社会是信息化的社会，人与人之间、企业与企业之间都需要交流，而信息交流的主要载体便是各种各样的媒体。实施有效的媒体策略对会展活动组织者至关重要，组织者根据有限的广告预算以及举办会议或会展的需要和条件，来选择合适的媒体。在选择媒体类型时需要综合考虑目标受众的媒体习惯、产品性质、信息类型以及广告成本等因素。

在市场经济的冲击下，中国传媒的市场化步伐越来越快。市场化程度的提高，带来了媒体的迅速成长或衰落，会展专业媒体也不例外。因而，在制定具体的媒体策略时，分析媒体在会展活动的成长策略至关重要。

（五）制定展示设计策略

商业会展展示设计是以传达会展信息、吸引参观者为主要功能的有目的、有计划的环境、展台、展品设计，好的设计能提升展会的品位，吸引参展者、参观者，对产品营销也起着潜移默化的作用。

对于较大的会展，展示设计工作在开展前 9 个月就开始了。

从参展商的角度来说，设计不仅仅是一个展台设计的问题，在策划阶段就要考虑设计会展结构、取得会展公司的设计批准、制作会展宣传册等。

展台设计根据具体情况要求有不同的设计原则、功能区分，所以其设计原则也是千变万化的。这里以宣传材料的设计与制作为例。对于参展商来说，狭义的宣传材料主要指传统的文字资料，如宣传册页、新闻稿件等。而实际上，宣传资料不仅限于现场分发给观众或记者的资料，还包括很多其他形式，如直接邮寄资料、产品介绍、VCD、纪念包（手提袋）、户外广告或展会的每日快讯等。

在宣传材料外观的设计上，必须要形成整体的风格，同时，要能形成强大的视觉冲击力。外观设计主要是解决材料的形状和大小两个问题，并且要求设计富有人性化，便于人们携带。

（六）项目预算方案

良好的财务管理和预算控制是筹办会展最重要的因素之一，如果安排得当，不仅能起到增加收益的作用，而且能使管理者了解收入的来源及比例、分析主要的投入项目、确定主要的收入来源。预算是协助实现财务目标的一个工具。可以把预算看作一张特有地图，它能引导公司达到所寻找的目标。为了达到这个目标，会展在制定预算时必须做到有计划、有步骤，不断更新信息。

制订一份会展预算方案至少包括以下几个方面的内容：

1. 历史数据

回顾过去的工作，以便制定出相对精确的新预算。

2. 行政管理费

包括项目分摊的费用，如工资、奖金和复印、电话、信函来往、计算机等支付的费用。

3. 收益

预算带来的收入，包括公司拨款、预算、注册费、出售展品和纪念品的收入、赞助等。

4. 固定费用

如印刷和邮寄宣传资料所需的费用。

5. 可变费用

如餐饮费等。

6. 详细开列的项目

详细开列的项目列明预算中的各个项目。

7. 调整控制

由于预算是根据估计而制定的，因此不一定准确，需要不断地调整。

在会展中，为了衡量一个项目的财务成果，必须设置一个用于实现既定财务目标的预算开支。预算采用的方式，可视具体情况而定。

二、撰写立项策划方案

会展策划就是会展的策略规划，为了会展的成功举办，必须对会展的整体性和未来性的策略进行规划。它包括从构想、分析、归纳、判断，一直到拟定策略、方案的实施、事后的追踪与评估过程。

会展策划与计划不同，它有为达到目的的各种构想，这些构想和创意是新颖的，与目标保持一致的方向，有实现的可能。把策划过程用文字完整地记录下来就是会展文案。

广义的会展策划方案可以涵盖经市场调查而产生的可行性研究报告、项目意向书、项目建议书以及广告策划方案、宣传手册等，包括围绕某次会展的展前、展期、展后所有的策划方案。

展会立项策划书主要包括以下内容：

（1）办展市场环境分析。包括对展会展览题材所在产业和市场的情况分析，对国家有关法规、政策的分析，对相关展会的情况分析，对展会举办地市场的分析等。

（2）提出展会的基本框架。包括展会的名称和举办地点、办展机构的组成、展品范围、办展时间、办展频率、展会规模和展会定位等。

（3）展会价格及初步预算方案。

（4）展会工作人员分工计划。

（5）展会招展计划。

（6）展会招商计划。

（7）展会宣传推广计划。

（8）展会筹备进度计划。

（9）展会服务商安排计划。

（10）展会开幕和现场管理计划。

（11）展会期间举办的相关活动计划。

（12）展会结算计划。

三、会展项目的申报

（一）会展举办单位的资格

1. 国内商品展销会举办单位资格的规定

根据《商品展销会管理办法》规定，商品展销会的举办单位应具备的条件包括：具有法人资格、能够独立承担民事责任，具有与展销相适应的资金、场地和设施，具有相应的管理机构、人员、措施和制度。

2. 国内举办对外经济技术展览会主办单位资格的规定

根据国务院下发的《国务院关于取消第二批行政审批项目和改变一批行政审批项目管理方式的决定》（国发〔2003〕5 号）和《国务院办公厅关于在我国境内举办对外经济技术展览会审批程序有关事项的复函》（国办函〔2002〕93 号），撤销原外经贸部的《关于举办来华经济技术会展审批规定》，对原经营企业资格的审批放开，只要工商管理部门的营业执照中的经营范围内注明有主办或承办会展内容的企业，就可以申报举办会展项目。

3. 出国（境）举办经济贸易展览会组展单位资格的规定

根据《关于修订〈出国举办经济贸易展览会审批管理办法〉的通知》（贸促展管〔2006〕28 号）的规定，出国办展的组展单位资格应具备的条件："依法登记注册的企业、事业单位、社会团体、基金会、民办非企业单位法人，注册 3 年以上，具有举办出国办展活动相适应的经营（业务）范围；具有相应的经营能力，净资产不低于 300 万元人民币，资产负债率不高于 50%；具有向参展企业发出因公临时出国任务通知书的条件。"赴我国香港（特别行政区）、澳门（特别行政区）、台湾地区举办、参加经济贸易展览会等活动，不适用此办法。

（二）会展项目的申报

1. 向主办单位的主管部门申报立项

向主管单位申报立项需要提交的资料主要包括：

（1）招商、招展方案和计划。

（2）合作单位证明材料（主办单位与承办单位、主办单位与协办单位等），联合或委托办展证明材料（境外机构联合或委托境内单位举办的需报）。

（3）办展可行性报告（首次举办的需报）。

（4）责任承诺书。

（5）场地租用情况证明材料。

（6）安全防范工作方案。

（7）上年度办展的总结和会刊。

（8）其他相关材料（请注明）。

2. 向会展举办地工商行政管理机关申报登记

主办或承办单位应向所在地工商行政管理机关提出举办会展的登记申请。根据《商品展销会管理办法》，展销会举办单位应向举办地工商行政管理机关申请办理登记，若干个单位联合举办的，应当由其中一个承担商品展销的组织单位向举办地工商行政管理机关申请办理登记。

在申请登记时需要出具的材料包括：举办人具备法人资格的证明材料；举办会展项

目申请书，内容包括会展项目的名称、起止时间和地点、参展商品类别、举办单位银行账号、举办单位负责人名单、会展筹备办公室地址等；当地政府的立项批复；会展的组织实施方案；场地使用证明材料。

（三）会展主办者的审批

近 30 年来，会展业在我国取得了很大的发展，但与之相适应的有关会展业管理的法律、法规尚不健全，会展业成熟有效的监督管理和评估体系尚未建立起来。虽然一直以来，我国无论是出国办展，还是在国内办展，组展单位都要严格按照会展业实施的资质审核制度来办理资质审批手续，但会展行业协会目前还无法充分发挥其行业自律作用。因此，我国政府尚不能完全淡出会展市场。出国办展和国内办展仍应该继续严格按照规定办理资质申报和项目审批备案手续。一般会展项目报批程序见表 2-1。

表 2-1　一般会展项目报批程序表

展会类型	经贸类		科技类	
	国家	地方	国家	地方
国际展	商务部	市外经贸委	科技部	市科委
国内展	工商总局	市工商局	工商总局	市工商局
国际会议	外交部	市外事办	科技部	市科委

任务三　会展项目的可行性研究

会展项目的可行性分析是展会项目立项策划的继续。展会项目立项策划主要是在掌握各种信息的基础上，初步提出计划举办的展会“是什么样的”。展会立项可行性分析则是在研究各种信息的基础上深入分析，提出举办展会立项策划是否可行，为最后是否举办该展会提供科学的决策依据。

展会立项可行性分析通过一套行之有效的方法，对展会立项策划提出的展会举办方案进行系统的研究、分析、比较和选择，来判断该方案是可行的还是不可行的。如果展会立项策划通过可行性分析，证明计划举办展会的市场条件具备，各种执行方案策划合理，项目在经济上可行，风险较小且有一定的社会效益，就可以通过该展会立项策划，决策举办该展会了。

一、市场环境分析

任何经营活动都是生存在一定的市场环境之中，市场环境分析是展会立项可行性分析的第一步。它根据展会立项策划提出的展会举办方案，在已经掌握的各种信息的基础上进一步分析和论证举办展会的各种市场条件是否具备，是否有举办该展会所需要的各种政策基础和社会基础。市场环境分析不仅要分析各种现有的市场条件，还要对其未来的变化和趋势做出预测，使立项可行性分析得出的结论更加科学合理。

（一）宏观市场环境

宏观市场环境是指能对展会举办产生影响的各种社会因素，这些因素可能会给办展机构举办展会带来市场机会，也可能会造成市场威胁。办展机构在策划举办一个展会时，必须对它们加以密切关注，并及时对其做出适当的反应，以便有效地识别和抓住市场机会，避开和减少市场威胁，它们包括：

1. **宏观政治环境**

政治法律环境由那些具有强制性的和对举办展会产生影响的法律、政府部门和其他组织机构所构成。由于举办一个展会涉及的行业和社会面非常广，因此会展业会受到比其他行业更加严厉的法律管制，如政府对举办展会在消防、安保、工商管理和产品进出口方面的严格要求，举办展会对广告法和专利法等法律的严格遵守等。此外，与展会展览主题所在产业有关的法律对举办展会也会产生较大的影响。

2. **社会文化环境**

社会文化环境有三大类，一是物质文化，二是关系文化，三是观念文化。它们分别代表人们对物质生活、社会关系和意识形态等方面的要求、认识和看法。社会文化环境对企业参展和观众到会参观会产生较大影响。例如，人们的饮食习惯，国家与国家之间关系的好坏，世界各国节假日和喜庆日的安排，对举办展会的影响就非常大。

3. **人口环境**

从量的角度看，人口数量是市场规模的重要标志，从人口的分布、结构及变动的趋势可以分析判断出市场需求的特点和发展趋势，这一点对展销会等注重现场零售的展会有重要的意义。对于专业贸易类的展会来说，更要注意该展会展览主题所在产业及其相关产业的从业人员数量和结构构成，因为从这里能预测展会的专业观众的大概数量，而拥有一定数量和质量的专业观众正是专业贸易类展会的生存之本。

4. **经济环境**

经济环境是指那些能对企业参展和观众到会参观产生影响的各种经济因素，如社会经济发展水平，产业利润的高低，市场规模的大小，产业进出口状况，产业结构状况，展会所在地的住宿、餐饮、旅游、交通等配套设施的完备程度等。这些因素从侧面影响着企业参展和观众到会参观的意愿。

5. **技术环境**

科技的发展会给企业的经营活动和经营方式带来重大影响，一方面可以给一些企业提供新的有力的发展机会，另一方面也可以给一些企业的生存与发展带来威胁。另外，在所有展会服务的外部环境方面，科学技术的发展也能发挥巨大作用。例如，互联网的出现就极大地改变了会展业的办展思路和竞争模式，计算机的广泛使用使展会的观众等级模式发生了翻天覆地的变化。

在进行认真的市场调查和充分掌握以上各种信息的基础上，要切实结合会展产业的实际特征，对举办展会所面临的宏观市场环境的各个方面做出准确的分析，寻找市场机会，发现威胁，为展会立项可行性研究的最终决策服务。

（二）微观市场环境

微观市场环境是指对办展机构举办展会构成直接影响的各种因素。这些因素包括办展机构内部环境、目标客户、竞争者、营销中介、服务商和社会公众等。和宏观市场环境一样，微观市场环境所包括的各因素可能会给办展机构举办展会带来市场机会，也可能给其造成市场威胁。

1. 办展机构内部环境

办展机构内部环境就是办展机构内部所具备的各种条件，包括资金、人力、物力（办公设备和通信工具）以及所掌握的信息资源和能联系的社会资源等。通过对办展机构内部环境的客观分析，准确地找出它们在本展会所在产业以及它们本身所具有的办展优势和劣势，并对这些优势和劣势进行客观的评估，分析办展机构是否具有举办该展会的能力。

2. 目标客户

目标客户是指展会的潜在参展商和观众。从类别上看，展会的目标客户包括消费者市场客户、生产者市场客户、中间商市场客户、政府部门和国际市场客户五类。这些客户可能是参展商，也可能是观众。参展商和观众都是展会的服务对象，两者都不可偏废。展会的最终目的是要满足目标客户的要求。因此，在分析展会的目标客户时，不仅要分析他们的数量和分布，还要注意分析和把握它们的需求及其变化趋势，并以此作为展会举办的起点和服务的核心。

3. 竞争者

竞争者是指与本展会有竞争关系的其他同类展会。在现实中，一个主题的展会往往不止一个。展会要想在市场上取得成功，就必须能比其他同类展会更有效地满足参展商和观众的需求。一般来说，每个展会都会面临四种类型的竞争：一是欲望竞争，即参展商和观众想要满足各种需求之间具有可替代性，他们可以选择参展，也可以选择不参展；二是类别竞争，即能满足参展商和观众的各种需求的不仅仅是展会，其他的营销形式也可以具有此功能；三是展会间竞争，即参展商和观众能在可以满足他们需求的同类主题的不同展会之间进行选择，他们可以选择本展会，也可以选择其他同类展会；四是品牌竞争，即参展商和观众凭展会本身的品牌和办展机构的品牌对参加哪个展会做出选择。所以，在对竞争者进行分析时，不仅要分析具有竞争关系的展会，还要分析这些展会的办展机构；不仅要分析具有竞争关系的展会和其办展机构的现状，还要分析它们的变化，并及时提出对策。

4. **营销中介**

营销中介是指那些受办展机构委托的，或者是协助展会进行宣传推广和招展的中介组织和单位，包括展会的招展代理、招商代理、广告代理和其他营销服务机构等。营销中介是一个展会成功举办不可缺少的环节。好的营销中介能很好地分担和完成办展机构的宣传推广和招展招商等营销工作，能更好地协助办展机构成功地举办展会。

5. **服务商**

服务商是指受办展机构的委托、为展会提供各种服务的机构，包括展品运输代理、负责展位搭装的展位承建商、提供旅游服务的旅行社、提供住宿服务的宾馆酒店，以及提供展会资料印刷和观众登记的专门服务商等。这些服务商是办好一个展会必不可少的组成部分。在举办展会时，参展商和观众很多时间都将这些服务商提供的服务看成是展会本身的一个有机组成部分。

6. **社会公众**

社会公众是指对展会实现其目标具有实际和潜在影响的群体。一个展会所要面临的问题有六种：一是媒体公众，即专业和大众报纸、杂志、广播和电视等，它们具有广泛的影响力，对展会的声誉具有举足轻重的影响；二是政府公众，即负责管理展会和商业活动的有关政府部门；三是当地民众，即展会举办地的居民、官员和其他社团组织等；四是市场机构公众，即各种知识产权保护组织、消费者保护组织、环保组织等；五是办展机构公众，即办展机构的全体员工；六是金融公众，即那些可能影响办展机构获取资金能力的机构和组织，如银行和投资公司等。这六类公众都具有增强或阻碍一个展会实现其目标的能力，有时候它们的态度还能直接影响到一个展会的市场前途。因此，成功地处理好展会与这些公众的关系格外重要。有些办展机构成立公共关系部门，专门负责策划和处理与这些公众的关系，为举办展会提供宽松的市场环境。

微观市场环境的构成要素与展会本身密切相关。在分析这些要素时，要善用资源、整合资源，使各种资源间优势互补，最大限度地挖掘资质优良的资源，壮大办展队伍，并最大限度地降低办展成本。

（三）市场环境评价

在对市场环境的各因素进行分析以后，办展机构就要根据通过市场调查获取的有关信息，对市场环境进行整体分析和综合评估，以预防在举办该展会时可能受到的威胁，抓住可以利用的机会。

在掌握了大量的有关信息和对未来的环境变化趋势做出一定的预测后，就可以对市场环境进行整体分析和综合评估。评估的方法很多，最常用的是 SWOT 分析法。

SWOT 分析法就是把办展机构所面临的宏观和微观环境中各要素综合起来进行分析，得出市场环境对办展机构举办该展会所形成的优势和劣势、机会和威胁，并将这四个方面结合起来研究，以寻找到适合办展机构举办本展会的可行战略和有效对策。

SWOT 分析法一般分三步进行：（1）整理和分析搜集到的各种信息，并根据这些信息对环境的变化趋势做出预测；（2）详细地分析办展机构内部和外部的各种环境要素，列出市场环境对办展机构举办该展会所形成的机会和威胁、优势和劣势；（3）对市场环境对办展机构举办该展会所形成的机会和威胁、优势和劣势进行综合分析，确定可以选择的战略和对策。

通过以上步骤，SWOT 分析法为办展机构举办该展会提供四种可以选择的对策，如表 2-2 所示。

表 2-2　SWOT 分析法

外部＼内部		内部环境	
		优势（S）	劣势（W）
外部环境	机会（O）	SO 战略 依靠内部优势 利用外部机会	WO 战略 改进内部劣势 利用外部机会
	威胁（T）	ST 战略 依靠内部优势 回避外部威胁	WT 战略 克服内部劣势 回避外部威胁

二、会展项目竞争力分析

市场环境分析是从计划举办的展会项目的外部因素出发来分析举办该展会的条件是否具备；会展项目竞争力分析则是从举办的展会项目的本身出发，分析该展会是否有发展前途。

（一）项目竞争力

会展项目竞争力分析是从展会本身出发，分析本展会与同主题的其他展会相比是否具有竞争优势。展会的竞争优势来源于很多方面，但对于一个展览主题已定的展会来说，展会定位的号召力、办展机构的品牌影响力、参展商和观众的构成、展会价格和展会服务等因素，对展会的竞争优势具有决定性的影响。

1. 展会定位的号召力

展会定位是通过细分会展市场，找准目标参展商和观众，并清晰地让参展商和观众知道并认同该展会“是什么”和“有什么”。展会定位要能尽量反映展览主题所在产业的发展趋势，抓住该产业的热门话题，体现该产业的亮点和市场的特点，或者说，展会定位要能切实满足该产业某一细分市场的需求。如果展会定位做不到这一点，那么，该展会定位的行业号召力就不大，展会对参展商和观众的吸引力就不强。

2. **办展机构的品牌影响力**

从某种意义上说，展会就好比是件商品，办展机构就是这件商品的生产商，办展机构的品牌既是这件商品的说明书，也是这件商品的质量保证书。办展机构的品牌对参展商和观众具有很大的影响，他们会基于对办展机构的品牌认同而认同他们举办的展会。办展机构的品牌影响力会延伸到其举办的展会上，形成展会的品牌效应，提高展会的档次、规格和权威性，扩大展会的影响。因此，在分析计划举办的展会是否可行时，认真分析办展机构的组成是否合理、是否具有品牌影响力，是分析展会竞争力的重要组成部分。

3. **参展商和观众的构成**

由于展会还没有举行，所以这里要分析的参展商和观众只是展会的目标参展商和目标观众。一个展会要有强大的竞争力，就离不开该展会展览主题所在产业里有代表性的企业对展会的大力支持，离不开该产业产品的用户到会参观。所以，一方面，一个展会的参展商和观众的数量非常重要，因为没有一定数量的参展商和观众，就没有上规模的展会；另一方面，一个展会的参展商和观众的质量更加重要，因为一个展会档次的提高需要有他们的参与。可见，参展商和观众的构成是一个展会竞争力的重要组成部分。在分析展会的参展商和观众时，不能只讲数量而不讲质量。

4. **展会价格**

展会价格的高低直接影响着企业参展成本的大小，企业总是希望以最低的价格获取最大的收益，因此在其他条件一定的情况下，企业会选择那些价格较低的展会参展。展会价格是展会竞争力的主要组成部分，展会定价合理能在很大程度上提高展会的竞争力。

5. **展会服务**

展会服务包括展会筹备和展会举办过程中办展机构为该展会的参展商和观众提供的各种服务，也包括展会的服务商和营销中介单位为参展商和观众提供的服务。展会服务分为展前服务、展中服务和展后服务三个部分。展会服务是展会竞争力的主要组成部分之一。展会要尽量为参展商和观众提供专业、及时、优质和周到的服务。

（二）项目发展空间

任何新投资的项目都需要一定的发展空间，策划举办一个新的展会也不例外。展会项目发展空间分析，是立足于已经掌握的各种信息，根据展会项目立项策划提出的办展方案和展会定位，从展会的长远发展出发，分析展会项目是否有发展空间，主要分析下列空间是否齐备：

1. **产业空间**

就是计划举办的展会主题所在的产业的发展现状和发展前景。产业的发展现状和发展前景是举办一个专业贸易性质的展会所依托的产业基础。如果某一产业的规模过小或者是发展前景有限，那么，在该产业里举办展会就比较困难。从一个国家或地区的产业结构和产业分布来看，每一个国家或地区都有自己的优势产业，也有自己支持和鼓励发展的重点产业。这些产业很多是根据比较优势分工、本地具有竞争优势的产业，也是具有发展前途的产业，或是政府扶持的产业以及发展中的朝阳产业。当然，说这些产业的空间较大，并不是说其他产业就不能举办展会，只是在这些产业里举办展会的发展前景更好。事实上，只要某一产业的产品需求量大，产品更新快，那么，该产业就有举办展会的空间。

2. 市场空间

主要是指市场结构状况、市场规模的大小和市场辐射力的强弱，这是举办展会的市场基础。市场结构状况揭示了展会主题的选择是否适合市场的需求；市场规模的大小从一个侧面表明了展会对企业参展的吸引力有多大；市场辐射力的强弱能反映展会能影响和辐射的地域有多广。市场空间的大小是决定是否举办展会的一个重要依据。我们总是希望在那些市场规模较大的产业里举办展会，希望举办的展会展出的展品符合目标市场的市场结构状况，希望举办的展会有较强的市场辐射力。

3. 地域空间

主要是指展会举办地域和辐射力如何。展会的举办地对展会本身的发展有较大影响，很难想象在一个较偏僻的地方举办个大型展会。一般地，展会应选择在那些展会展览主题所在产业比较发达的地区举办，或者选择在该产业产品的主要销售地。尽管如此，那些交通比较便利、基础设施较完善、信息较灵通、服务业较发达的城市往往也是举办展会的首选之地。

4. 政策空间

包括展会举办地对会展业发展的政策、对展览主题所在产业的政策以及对与会展业有关的行业政策。如果在一个政府鼓励发展会展业的地方举办展会，办展机构肯定能得到比在其他地方举办展会更多的便利。如果计划举办展会的展览主题正是当地政府鼓励和支持发展的产业，那么，在那里举办展会一定更加顺利。

当然，决定展会项目发展空间的因素还有其他一些，如展馆设施状况等。但是，对展会项目发展空间影响最大的还是上述四个因素。在分析展会项目是否可以举办时，一定要注意认真分析这个展会项目是否具有发展空间。如果发展空间较小，那么，举办这样的一个展会的可行性将是一个问题。

三、办展机构优、劣势分析

办展机构的优势，决定着他们在哪些产业里举办展会成功的可能性较大，也决定着他们举办怎样性质的展会将会有较大的优势。例如，某一个办展机构对汽车产业非常熟悉，在汽车产业里颇有合作关系网络，而对家具产业基本一无所知，这样，该机构举办汽车类的展会成功率就比举办家具类展会要大。又如，某办展机构具备举办综合性展销会的各种条件，并有丰富的经验，但从来没有举办过专业贸易类的展会，那么，该机构举办综合性展销会肯定比举办专业贸易类的展会要拿手。

办展机构的劣势，决定着他们在哪些产业里举办展会成功的可能性较小，也决定着他们不能举办怎样性质的展会。例如，如果让不熟悉家具产业的办展机构去举办家具展，让不擅长举办专业贸易展会的办展机构去举办专业贸易类的展会，展会的效果将难有保证。

所以，办展机构在计划举办一个展会时，不要只考虑该展会本身是否有发展空间、是否有竞争力，还要考虑办展机构自己的优、劣势，要考虑自己是否有举办这样一个展会的能力，或者自己是否适合举办这样一个展会。如果条件不具备，就不要轻易举办。

四、会展项目执行方案分析

展会执行方案分析是从计划举办展会项目本身出发，分析该展会项目立项计划准备实施的各种执行方案是否完备，是否能保证该展会计划目标的实现。展会执行方案分析的对象是该展会的各种执行方案，分析的重点是各种方案是否合理、是否完备、是否可行。

（一）展会基本框架评估

分析展会执行方案的可行性，首先就要对计划举办的展会的基本框架进行评估。所谓展会的基本框架，也就是展会的基本内容，包括展会的名称、举办展会的地点、办展机构、办展时间、展品范围、办展频率、展会规模和展会定位等有关展会的基本信息。对展会的基本框架进行评估，就是对构成展会基本框架的各种因素从总体上进行评估，看各种因素彼此是否协调，从总体上分析展会的基本框架是否可行。

对展会基本框架进行的评估包括：

（1）展会名称和展会的展品范围、展会定位之间是否有冲突。

（2）办展时间、办展频率是否符合展品范围所在产业的特征。

（3）展会的举办地点是否符合举办该展品范围所在产业的展会。

（4）展品范围所在产业里能否举办如此规模和定位的展会。

（5）展会的办展机构对展品范围所在的产业是否熟悉，以及在计划的办展时间内能否举办如此规模和定位的展会。

（6）展会定位与展会规模之间是否有冲突。

对展会基本框架进行评估，重点不是分析构成展会基本框架的某一个因素的策划安排是否合理和可行，而是从总体上分析展会基本框架是否合理和可行。因为，尽管对构成展会基本框架的每一个因素的策划安排可能是合理和可行的，但由这些因素所构成的展会基本框架从总体上看可能是不合理和不可行的。所以，要避免这种“个体合理，群体冲突”现象的出现，对展会基本框架进行评估就十分重要。

（二）展会进度计划评估

展会进度计划是对展会筹备以及展览期间的各项工作进行统筹安排的计划，它明确规划了办展机构在什么时候应该做什么事情，到什么时候应该完成任务、达到什么目标。展会进度计划的主要目的，是要让各办展机构以及工作人员明确展会各时期的工作和任务，让展会筹备以及展览期间的各项工作能有条不紊地进行，并能保证按质量完成。对展会进度计划进行评估，主要从以下几个方面着手：

1. 各阶段工作目标的准确性

在展会的筹备期间，到一定的时期就必须完成某些工作，否则，整个办展计划就会受到影响；在执行某些工作时，到一定的时期，该工作就应该推进到某种程度。这些安排和规划必须准确，不然，展会的筹备工作就会出现混乱。

2. 各项工作进程的合理性

就是从展会自身的办展规律出发，看展会进度计划安排的各项工作是否符合展会筹备和展览期间的实际需要，是否符合会展的一般办展规律。

3. 各项工作的配套性

举办一个展会是一项涉及方方面面的系统工程，它需要各方面的配合。如果展会的各项筹备工作安排不配套，展会的筹备工作就可能顾此失彼，自乱阵脚。

4. 各项工作的可行性

展会进度计划所规划的各项工作必须是切实可行的，不能脱离实际。展会进度计划所规划的在某一时期所应达到的目标，必须是经过努力可以达到的，而不能是天马行空，遥不可及。

5. 各阶段工作的统一性

展会筹备工作可以分成若干阶段，每一个阶段的工作及其重点各不相同，但展会筹备各阶段的工作必须互相衔接，前后照应，整个工作保持前后统一基调和进程。

（三）招展、招商和宣传推广计划评估

招展计划、招商计划和宣传推广计划是展会的三个重要执行方案，它们相互影响、相互依赖、相互制约。这三个执行方案执行的结果直接关系到展会将会有多少企业参展、有多少观众到会参观，关系到展会在参展商、观众以及公众心目中的形象如何。

从可行性分析上看，招展计划、招商计划和宣传推广计划三个方案要做到具体、可行。所谓具体，就是这三个方案要尽量详细、不空泛；所谓可行，就是这三个方案要尽

量符合展会主题所在产业的实际，能抓住该产业的特征，又不脱离展会定位，能发挥实际作用，达到实施的目标。

从可行性分析上看，这三个方案还要相配套、彼此配合。招展计划、招商计划和宣传推广计划三个执行方案在实际实施时会相互影响，很难截然分开。例如，招揽企业参加展会的过程，实际上也部分地起到了邀请观众到展会参观的作用，客观上也是在为展会在本行业内做宣传；邀请观众到展会参观的过程，实际上也部分起到了招揽企业参加展会的作用，客观上也是为展会在本行业以及相关行业内做宣传；至于宣传推广方案，在实施时，不仅是为展会做宣传，它同时也起到招揽企业参加展会和要求观众到展会参观的作用。从可行性分析看，这三个方案在具体实施时不能截然分开，而是各有侧重点。

（四）现场管理和相关活动计划评估

现场管理计划是对展会开幕现场和展会展览现场进行管理的计划安排。展会相关活动计划是对在展会同期举办的各种研讨会、表演和比赛等进行的计划安排。这两项计划的具体执行时间都是在展会的展览期间，地点常常是在展会现场内，执行时会彼此影响。

对这两项计划进行评估，主要是考察：

1. 现场管理计划的周密性

现场管理计划的制订必须详尽，每一项现场管理工作都必须指定由专人负责、专人跟进；现场管理计划必须要照顾到展会现场的方方面面，不能有所遗漏。

2. 现场管理计划的可控性

展会现场人多事杂，场面复杂，现场不能出现混乱局势和其他严重影响展会召开的现象；展会现场的一切局面都必须在办展机构可以控制的范围之内，不能出现办展机构经过努力还不能将其控制的事情和现象。

3. 相关活动的必要性和可行性

与展会同期举办的一些相关活动，不论是技术交流会、研讨会，还是表演和比赛，都必须是对展会的整体形象和对展会功能的实现有所帮助。

各种相关活动必须与展会本身融为一体，不能将举办相关活动和举办展会两者割裂开来，为举办活动而举办活动。与展会同期举办的一些相关活动，尤其是各种表演和比赛活动，必须是安全的、可行的。

4. 现场管理和相关活动的协调性

由于相关活动和现场管理计划在具体执行时会彼此影响，因此两者必须相互协调。与展会同期举办的任何活动，不能对展会本身产生不良影响，不能因为相关活动而影响到展会本身；同样，也不能因为现场管理的混乱而影响到相关活动的举行。

五、会展项目财务分析的方法

会展项目财务分析是从办展机构财务的角度出发，按照国家现行的财政、税收、经济、金融等规定，在筹备举办展会时确定的价格的基础上分析测算举办该展会的费用支出和收益，并以适当的形式组织和规划好举办展会所需要的资金。

展会项目财务分析的主要目的是分析计划举办的展会是否经济可行，并为即将举办的展会制定资金使用规划。

为评估各展会是否可以举办而进行的财务分析，与企业财务管理中的财务分析有着明显的不同，两者不能混为一谈。例如，项目财务分析所依据的数据来源和性质与企业日常财务分析不同，项目财务分析所依据的数据带有很大的预测性，分析所形成的报表只供分析之用，并且表中项目的名称与对外报表中的名称也可不同。又如，项目财务分析的时间跨度很大，是对展会的长期性考察，并且要考虑到资金的时间价值，而企业日常财务分析就不必考虑这些问题。

项目财务分析与前面讲的可行性分析的几个环节密切相关。它所需要的基础数据，如投入资金的多少、成本、收益和利润等，都是来源于前期的市场调查和基于这种调查而做出的预测。另外，展会项目的各个实施方案对项目财务分析也有重大影响，不同的实施方案会产生不同的财务分析结果。

项目财务分析可以按以下步骤进行：

（一）财务分析预测

在对计划举办的展会总体了解的基础上，对相关市场和执行方案进行充分调查，搜集并预测项目财务分析所需要的各种基础数据。财务分析预测所依据的基础数据要尽量准确，因为，财务分析预测是整个项目财务分析的基础，是决定整个项目财务分析的质量和成败的关键。根据财务分析的数据及其预测，计算展会项目的财务营利性如何。展会项目营利性是判断该展会能否举办的一个重要的依据。

（二）制定资金规划

根据财务分析和预测，筹备和安排举办展会所需要的资金投入量，为展位的前期资金投入提供保障。

六、风险预测

风险是指某一行动的结果所具有的不确定性。从展会立项可行性分析的角度看，风险就是办展机构在举办展会的过程中，由于一些难以预料和无法控制的因素的作用，使办展机构举办展会的计划和举办展会的实际收益与预期发生背离，从而使办展机构举办展会的计划落空，或者是即使展会如期举办，但办展机构有蒙受一定的经济损失的可能性。举办展会可能面临的风险有四种，即系统风险、经营风险、财务风险和合作风险。办展机构要通过对各种风险的评估，采取相应对策，尽量回避和降低可能遇到的风险。

（一）系统风险

系统风险是指那些对所有企业都产生影响的风险，如战争、自然灾害、瘟疫、经济衰退、通货膨胀、恐怖袭击等。这类风险涉及所有企业，又称为“不可分散风险”。对于这类风险，办展机构不仅靠自身的力量很难克服，也很难抵挡它们给展会带来的不利影响。办展机构只能采取一些措施对它们进行预防和规避，或者将它们对展会的不利影响降低到最低限度。

（二）经营风险

经营风险是指因办展机构经营方面的原因给举办展会带来的不确定性，如展会定位不当、招展不力、招商不顺、宣传推广效果不佳、人力资源及人员结构不适合、出现新的竞争者、管理不善等。例如，布展管理不善而引起布展现场出现火灾，或者展览现场管理不善而出现安全问题等。经营风险不像系统风险那样不可抗拒，如果提前预防，很多经营风险是可以避免的，也是可以控制和消除的。经营风险一旦出现，很容易给相关会展和办展机构的市场声誉造成伤害，并严重影响它的形象。

对筹备举办一个展会而言，经营风险很多时候集中表现为招展不理想，展会无法达到预期招展规模。展会“盈亏平衡规模”是举办展会的最低规模要求，如果展会达不到这个规模，展会就会出现亏损。我们也可以通过展会“盈亏平衡规模”，计算出举办展会的“经营安全系数”，用这个系数来对展会的经营风险进行预测和评估判断。

（三）财务风险

财务风险包括举借债务给办展机构在财务上带来的不确定性和办展机构资金投入所带来的不确定性。如果办展机构举债筹措办展资金，由于种种原因，办展机构息税前资金利润率和借入资金利息率之间具有很大的不确定性，这种不确定性会使办展机构自有资金的利润率变化无常。如果办展机构息税前利润还不够支付利息，展会就有发生亏损的风险。另外，办展机构投入筹办展会的各种资金能否按期如数收回，也有一定的风险，并不是所有的展会都能带来利润的。

对于财务风险，办展机构可以通过维持一个合理的资金结构，或者慎重选择会展投资项目等措施来进行规避和降低。

（四）合作风险

合作风险是指办展机构各单位之间、办展机构与展馆之间、办展机构与展会各服务商和各营销中介之间，在合作条件、合作目标和合作事务各环节上可能出现的不协调、不一致和其他不确定性。合作风险的出现，不仅会影响到办展各有关单位、机构、各展会服务商和各展会营销中介之间的合作，还会给展会本身、展会服务以及展会的展出效果等多方面造成不良影响。

办展机构可以通过细化合作条件、明确各合作单位的责权利、与各单位进行积极的沟通和协调等多种方式来消除和降低合作风险。

对于以上各种风险，办展机构首先要评估它们存在的可能性有多大，并评估一旦它们发生，对即将举办的展会可能会造成哪些影响，展会是否可以规避或者克服这些风险及其影响。另外，对于上述风险，有些风险办展机构是无法控制的，只能规避；有些风险办展机构则可以通过有效措施来进行积极预防和消除。

七、会展项目可行性分析报告

认识会展项目社会效益和经济效益双重功能及其相互关系，有助于清除在策划会展项目时可能出现的“近视”行为，即片面追求举办会展项目的经济效益而不考虑其社会功能，从而人为地隔断了会展项目与其他相关产业的内在联系，削弱了会展经济可持续发展的基础，或片面追求举办会展项目的社会功能而不考虑其经济效益，人为地封堵了进行会展产业市场化的一个有效途径，削弱了会展项目对相关产业的带动作用。可见，举办一个会展项目，不仅自身要可行，还必须有经济效益和社会功能，无论缺乏哪一方面，该会展项目的举办方案都可能要重新策划。

如果通过评估，举办该会展的经济效益和它所带来的社会效益都是明显的和可以接受的，就可以认为举办该展会是可行的，否则就是不可行的。

完成上述分析以后，就可以形成《会展项目立项可行性研究报告》，对展会立项可行还是不可行做出系统的评估和说明，并为最后完善该会展项目立项策划的各具体执行方案提供改进依据和建议。

因此，《会展项目立项可行性研究报告》除了要包括本部分以上各点分析的内容外，还要包括以下三项内容：

（1）存在的问题

包括通过以上可行性分析发现的会展项目立项策划存在的各种问题、研究人员在可行性分析以外发现的可能对展会产生影响的其他问题等。

（2）改进建议

针对上述问题，提出对会展项目立项策划的改进建议。

（3）努力的方向

根据展会的办展宗旨和办展目标，在上述分析的基础上，针对存在的问题，提出要办好该展会所需要具备的其他条件和需要努力的方向。

《会展项目立项可行性研究报告》是办展机构进行决策是否要举办该展会的重要依据。因此，一定要使《会展项目立项可行性研究报告》的材料真实充分，分析客观科学，判断准确有理。

任务解决

对拟打造项目进行需求分析和筛选，撰写可行性分析和立项报告，按照程序申报项目，是新会展项目打造的主要途径。

实训任务

动漫展立项策划书撰写

任务分析：

假设你是某企业的策划人员，你所在的企业要在本地策划一个动漫展览会，请根据会展立项策划书的写作规范，写一份展会立项策划书，并根据展会策划的范围，制订展会项目申报工作计划。

操作步骤：

组织分工：教师将学生每5~8人分为一组，设组长1名。

任务研究：动漫应该是现代年轻人接触较多的活动，各小组可拓展思维进行创意策划，根据策划涉及范围的不同，结合本地审批机构设置情况，将申报工作计划落实到具体政府机构。

注意事项：教师主要是审核学生展会立项策划书结构的完整性，同时注重申报工作计划中对应的审批部门是否正确可行。

项目内容小结

会展项目立项只是对举办什么题材的展会和如何举办展会提出了一个初步的意见，制订了一套初步的方案，至于该展会是否真的可以举办和该方案是否真的可行，需要该会展项目方案结合法律法规及举办地的政策再次进行方案的可行性评估，同时了解项目所涉及的法律法规及政策。

自我评估

1. 名词解释

办展机构　展会规模　展会定位

2. 判断题

（1）展会名称的基本部分是用来说明展会举办的时间、地点和展会的性质。（　　）

（2）展会的主办单位是直接负责展会的策划、组织、操作与管理，并对展会承担主

要财务责任的办展单位。 ( )

(3) 办展频率是指展会是一年举办几次还是几年举办一次，或者是不定期举行。

( )

(4) 国内举办对外经济技术展览会主办单位资格的规定，实行由外经贸部审批具有主办或承办展览会资格的企业，才可以申报举办会展项目。 ( )

(5) 在国内申请举办一个经贸类的国际展会，主要审批机关是国家工商总局。

( )

3. 简答题

(1) 会展策划的基本流程主要包括哪些?

(2) 展会立项报告的结构主要包括哪些部分?

(3) 如何进行会展项目可行性分析?

(4) 我国对举办经贸类和科技类的国际会议，对应的审批机关分别是哪个?

项目三

会展项目组织策划

职业能力目标

了解会展项目组织机构的类型和设置原则，会展项目经理的角色以及应该具备的素质，了解会展项目人力资源管理内容；能够针对不同会展项目选择匹配的会展项目组织机构，会展项目经理承担的权利和职责，能够对会展项目团队进行有效管理。

任务导入

会展项目组织是为完成会展项目而建立的组织，针对不同会展项目选择匹配的会展项目组织机构，会展经理高效管理会展团队是会展项目成功的人力资源影响因素。本项目将全面论述会展项目组织管理的内容，认识会展项目组织并做出恰当选择，在选中的会展组织中，会展经理如何进行会展团队管理。

任务一　认知会展项目组织

一、会展项目组织的概念

会展项目组织是为完成会展项目而建立的组织，一般也称为会展项目班子、会展项目管理班子、会展项目组等。一些大中型会展项目组织叫会展项目经理部，由于会展项目管理工作量巨大，因此会展项目管理组织专门履行管理功能，具体的技术工作由他人或其他组织完成。而有些会展项目由于管理工作量不大，没有必要单独设立履行管理功能的班子，因此其具体技术性工作和管理职能均由会展项目管理组织成员完成。

会展项目组织的具体职责、组织结构、人员构成和人数配备等会因会展项目性质、复杂程度、规模大小和持续时间长短等因素影响而有所不同。会展项目组织可以是一个单独的组织也可以是其他组织的一个下属单位或机构。会展项目组织的一般职责是会展项目的策划、组织、指挥、协调和控制。会展项目组织要对会展项目的范围、经费、时间、质量、风险和人力资源等多方面进行管理。

二、会展项目管理组织结构设置原则

（一）目的性原则

会展项目组织结构设置的根本目的是为了产生组织功能实现会展项目目标。从这一根本目的出发，就应该因目标设事，因事设岗，因职责定权力。

（二）精干高效原则

大多数会展项目组织是一个临时性组织，会展项目结束之后就要解散，因此会展项目组织应精干高效，力求一专多能，一人多职，应着眼于使用和学习锻炼相结合，提高人员素质水平。

（三）会展项目组织与企业组织一体化原则

会展项目组织往往是企业组织的有机组成部分，企业是它的母体，会展项目组织是由企业组建的，会展项目管理人员来源于企业，会展项目组织解体后其人员会回到企业，所以会展项目的组织形式与企业的组织形式密切相关。

三、会展项目管理组织结构的类型

会展项目组织结构类型有很多种，常见的项目组织结构有三种：纯项目制结构、职能项目制结构和矩阵制结构。

（一）纯项目制结构

在纯项目制的形式中，一个独立的项目小组负责完成项目中的全部工作。

纯项目制的组织结构具有如下优点：项目经理对项目具有充分的权利；在项目小组中，小组成员只接受一个上司的领导，具有较高的管理和决策效率；小组成员的自豪感、士气以及信誉都很高。

纯项目制的组织结构也存在一定的缺点：设备和人员不能够实现共享，资源需要重复配置；小组成员容易忽视组织目标和政策，导致其行为与组织目标相偏离；组织结构中削弱了职能部门的权利，从而有可能使项目组落后于新技术和新知识；项目小组成员因为不属于任何职能部门，会担心项目结束后的出路问题，可能会导致项目结束时间的延迟。

（二）职能项目制结构

在职能项目制中，每一个项目都归属于一个职能部门。

职能项目具有如下的优点：每个小组成员都可以参加多个项目；职能专家即使不再承担项目任务，也可以留在职能部门中工作；职能专家还可以在职能部门里面垂直发展；特殊领域的职能专家组成一个关键部门，可以协同解决项目存在的技术问题。

职能项目的缺点：与职能部门不相关的项目各部分缺乏必要的变革；缺乏对小组成员的有效激励；过于强调各职能部门的利益，有可能会使顾客需求一定程度上被忽视。

（三）矩阵制项目结构

矩阵制是专业化程度最高的项目管理组织形式，它综合了纯项目制和职能项目制的优点。在矩阵制下，执行每个项目时可以从不同的职能部门抽调员工。项目经理决定执行的任务和时间，职能部门的管理者则控制人员与技术。

常见的矩阵形式会展项目组织结构有：职能矩阵（弱矩阵）；平衡矩阵；项目矩阵（强矩阵）。

1. 职能矩阵项目组织结构

职能矩阵制是专业化程度最高的项目管理组织形式，它综合了纯项目和职能项目组的优点。在矩阵制下，执行每个项目时可以从不同的职能部门抽调员工。项目经理决定执行的任务和时间，职能部门的管理者则控制人员与技术。

2. 平衡矩阵项目组织结构

平衡矩阵项目组织结构是最典型的会展项目矩阵组织形式。

平衡矩阵制加强了不同职能部门间的联系；实现了职能部门与项目之间的资源共享，可以尽可能避免资源的重复配置；项目经理具有充分的权利，从而可以有效承担项目成败的责任；项目可以得到来自各职能部门的支持。

平衡矩阵制的缺点有：项目小组的成员同时接受项目经理和职能部门经理的领导，当两方面的命令产生冲突时，会使小组成员无所适从；要求项目经理具有较高的能力和较深的资历，否则项目注定要失败；项目经理经常为自己的项目囤积过多资源，从而损害其他项目利益。

3. 项目矩阵制的项目组织结构

项目矩阵制的项目经理具有充分的权利，领导和指挥来自不同职能部门的专业工作人员更加有利于资源共享并避免资源的重复配置；项目经理对管理项目、确保项目取得完全成功、完成所有预定的目标负有主要的责任。职能部门的经理扮演一种支持的角色，在项目经理需要他们的时候，提供可用的人员和技术支持，对团队成员的指挥充分。

项目矩阵制的缺点有：项目矩阵已经近似于专门的项目团队组织。因此，这种矩阵形式最受项目经理的欢迎，同时也最令职能经理厌恶，可能导致职能经理的反感而抵触项目经理的工作。

任务解决

会展项目组织结构的设计与选择

每一种会展项目组织结构都有各自的优点、缺点和适用范围，没有一种通用万能的或最好的组织结构形式。对不同的会展项目，应该根据会展项目的具体目标、任务条件、会展项目环境等因素进行分析比较，设计或选择最适合的会展项目组织结构形式。通常，职能制的组织结构适用于会展项目规模小、专业面窄、以技术为重点的展会项目；如果一个组织经常有多个类似的、大型的、重要的、复杂的展会项目，应该采用会展项目型组织结构；如果一个组织经常有多个不同类型、技术复杂、要求利用多个职能部门的资源时，比较适合选择矩阵型组织结构；如果要完成一个大型的、重要的、复杂的、要求利用多个职能部门资源的会展项目选择项目矩阵型。

实训任务

案例分析：

成都某会展公司有A会展项目，在A会展项目现场负责工作小组（展区组）运作该会展的前期工作正如火如荼进行。该展区组在某会展公司内部的工作流程是：展区组做预算计划打报告到该会展公司——会展公司高层审核后交议价组找供应商谈价格——谈好价格后采购组采购，验货——展区组提货，使用或展区组接受服务。

请问该会展公司在A会展项目上采用的是哪一种会展项目组织结构，该组织结构的特点是什么？

任务分析：

每一种会展项目组织结构都有各自的优点、缺点和适用范围，没有一种通用万能的或最好的组织结构形式。对不同的会展项目，应该根据会展项目的具体目标、任务条件、会展项目环境等因素进行分析比较，设计或选择最适合的会展项目组织结构形式。

操作步骤：

1. 该会展项目的组织构架采用的是职能矩阵项目组织结构。

2. 职能矩阵制是专业化程度最高的项目管理组织形式，它综合了纯项目和职能项目组的优点。在矩阵制下，执行每个项目时可以从不同的职能部门抽调员工。项目经理决定执行的任务和时间，职能部门的管理者则控制人员与技术。

项目内容小结

会展项目是以会展活动为管理对象的项目形式，具有项目管理的典型特征。一个项目的完成依赖于项目的参与者的共同努力。会展项目组织是为了完成某一具体会展项目而建立的组织，会展项目组织的构建是一个会展项目最初阶段的一项重要工作，会展项目组织机构是否匹配决定了该展会成功与否。

会展经理是会展项目的核心灵魂人物，会展经理的好坏直接关系到会展组织是否能够正常运转并按时高质量完成会展项目。

一个高效的会展经理如何管理好自己的会展组织，建立会展团队并实施有效管理是会展经理成功的关键。

自我评估

会展项目组织机构的类型有哪些？

任务二　会展项目经理

项目经理即项目负责人，负责项目组织、计划、实施和控制，以保证项目目标成功实现。项目负责人通过对工作的计划、组织和控制的领导，从而为项目团队实现项目目标提供领导作用，项目负责人的最终职责是确保全部工作优质准时完成，并且没有超出预算，使客户满意。项目经理协调各团队成员的活动，使他们作为一个和谐的整体，优质高效地完成各自的工作。

一、会展经理应具备的能力

鉴于项目的复杂性和多样性，要求项目经理具备各方面的能力。

（一）领导能力

项目经理的领导能力是项目成功的重要前提之一，它要求项目经理能对项目有明确的领导和指导，能解决和处理各种问题，善于起用新人，并使之与团队融洽相处，能迅速做出集体决策与个人决策，能准确无误地沟通信息，能代表项目团队与外界交流，能平衡经济与人力间的矛盾。

（二）冲突处理能力

各种纠纷、冲突和矛盾在项目管理中难以避免。当纠纷与冲突对项目管理功能产生危害时，会导致项目决策失误、进度延缓、项目搁浅，甚至彻底失败。所以项目经理应保持对冲突的敏锐观察，识别冲突可能产生的不同后果，尽量利用对项目管理有利的冲突，同时降低和消除其对项目产生严重的危害。

（三）团队管理能力

管理项目团队的能力是项目经理的主要责任之一，为保证项目有一个高效运作的团队，项目经理应利用项目对团队成员进行训练和培养，创造一种学习的环境，鼓励成员在项目活动中自我发展、勇敢创新，并努力减少他们对失败的恐惧，造就项目团队良好的协作氛围、相互信任的人际关系，从而建设一支有着不竭动力的高绩效的项目团队。

（四）解决问题的能力

项目经理应该有一个及时准确的信息传送系统，要在项目团队、承包商及客户之间进行开放而及时的信息沟通以及尽早发现项目存在的问题，用设计成熟而成本低廉的解决方案解决问题，把可能对项目造成的负面影响或危害降到最低。不仅项目经理自身要有解决问题的能力，更要鼓励和培训项目团队成员及早发现问题并独立解决问题的能力。当项目出现较复杂的问题时，项目经理要具有洞察全局的能力，领导团队成员及项目利益关系者共同提出最佳的解决方案。

（五）项目管理能力

首先要有规划技巧。项目经理进入项目执行之前，首先要制定一份完备的工作进度表，对展前、展中、展后各个阶段，在什么时间完成什么事进行详细的规划，并在项目实施过程中监督执行。会展项目的各项工作是环环相扣的，哪些工作可以“并行”，哪些工作必须“串行”，哪些工作需要多少资源，都必须认真规划，并在执行过程中做到任务、进度、资源三落实。同时，要知道再完美的计划也会时常遭遇不测，项目经理应该能够预测变化并且能够适应变化，在项目发生变化时能够及时做出调整。一个项目经理最重要的特质就是辨识和解决问题的能力。这同时也决定了项目经理要有风险管理能力，能够在信息不完备的情况下做决定，预先进行风险确定、风险冲击分析以及风险应对计划，并在危机事件发生时正确进行处理。另外还有质量管理能力，熟悉基本的质量管理技术，如制作和说明质量控制图，尽量达到零缺陷等；合同管理能力，要求掌握较强的合同管理技巧，了解签约中关键的法律原则；交流能力，能与他们的经理、客户、厂商及属下进行有效的交流；成本管理能力，处理诸如成本估计、计划预算、成本控制、资本预算以及基本财务结算等事务；国际事务处理能力，了解国际惯例和相关国家的语言、文化、习惯、法律规章，等等。

二、会展项目经理的主要职责及权力

（一）会展项目经理的主要职责

利用可用资源，在规定时间、成本和技术条件内带领大家共同完成一定的任务；完成合同所要求的效益目标；进行项目的决策；传递和沟通外部与项目内部之间的信息；处理可能出现的矛盾和冲突。

具体来说，会展项目经理的职责主要表现在项目管理、资源管理、计划和控制等方面，项目经理的职责可概括为：项目管理，包括风险管理、质量管理、合同管理、成本管理、国际事务处理等综合能力；资源管理，资源管理包括时间（进度）、人力、资金、工具、设备、信息，技术等管理；计划和控制管理，主要包括制订计划和进行过程控制管理，提高设备利用率，增加成果效益，减少风险，识别问题，确定解决矛盾的方式等。

（二）会展项目经理的权力

在明确项目经理的责任的同时，应该明确项目经理的权力，项目经理拥有的权力应该包括：项目的核心地位；参与企业的主要管理与技术决策；具有项目的人事、资金支配权；具有选择子承包商的权力；解决冲突的权力；解决与职能经理之间矛盾的权力；建立项目组织的权力；建立项目计划，并实施监督的权力；保持与主要客户的联络和接触。

任务解决

项目经理还应该具备以下一些与人相处的重要技巧：影响、授权、谈判和沟通。

（1）影响。项目经理的正式权力通常是由项目组织中的高层领导授予的，我们称之为“合法权力”。但项目经理的正式权力往往不大，他们的权力通常来自大家对他们的经验、过去的优秀成绩、说服力和彻底而果断的决策能力的尊重，即影响力。有的时候，项目经理的“影响力”甚至比正式权力更能在项目组织的领导中发挥作用。因此，项目经理应注意培养自己的其他权力形式，不断提升其具有的专长而形成的“专长权力”，或与组织中更有权力的人在一起而获得的“联合权力”，或通过获取同事与上司的支持而形成的“政治权力”，以增强对项目团队的影响力，获得所有项目组织成员的支持。而获得的“联合权力”，或通过获取同事与上司的支持而形成的“政治权力”，以增强对项目团队的影响力，获得所有项目组织成员的支持。

（2）授权。和影响力一样，授权也是项目经理人的一项重要能力，授权能够明确组织成员之间在工作过程中的地位与角色，授权是一个过程，通过这一过程挑选出合适的人选，在合适的范围内给予其做出决策和采取行动的合适权力。

授权可以使项目经理从日常琐事中脱身，全力处理全局性、战略性问题；同时也是充分利用项目成员人才资源，提高决策速度及科学性的有效措施。成功授权应在充分了解项目成员的基础上选择适当的人选，阐明所授权力的内容、时间、成本及成果要求，并建立适当的控制机制，确保授权在正确的范围内运行。但授权不等于下放责任，项目经理仍必须对整个项目负责。

（3）谈判。谈判是在满足项目要求的前提下，与他人达成协议或妥协的过程。项目经理需要就项目的各个方面进行谈判。如资源、时间、质量、程序、成本及人员。在谈判中，结果总是对一方比对另一方更有利或不利。一个优秀的项目经理必须是一个优秀的谈判者，尽量使谈判双方的受益差距最小，以避免矛盾。

（4）沟通。经常而有效的沟通是项目顺利进行，获取改进项目工作的建议、保持客户满意度的保证。项目经理应具备良好的沟通能力，通过多渠道进行及时、真实和明确的沟通，以获得客户对项目预期目标的清晰理解，获得项目团队内部的相互信任，协同工作。

实训任务

会展项目经理如何与其他部门沟通

案例分析：

成都某会展公司有A会展项目，在A项目现场负责工作小组（展区组）运作该会展的前期工作正如火如荼进行。该展区组在某会展公司内部的工作流程是：展区组做预算计划打报告到该会展公司——会展公司审核后交议价组找供应商谈价格——谈好价格后采购组采购，验货——展区组提货，使用或展区组接受服务。

在与室外展场搭建商谈判中，室外展区由于出现新情况改动较大，双方对原有合同的部分条款提出异议，由于组委会没有决策权，搭建商被会展总公司的审核、采购、库房等职能部门推诿，室外展场的搭建工作被迫中断。对此情况，A项目现场负责工作小组负责人B经理多次与各方面进行沟通，希望问题尽快解决以免影响展会的进度，甚至不惜与某些部门领导发生语言冲突，但问题依然没有解决，这使得B经理非常头痛。

如果你是A会展公司的总经理，你将如何界定项目经理与各职能经理的权责关系？

如果你是B经理你将如何与其他职能部门的经理沟通？

任务分析：

会展业的项目经理首先要保证按时，在预算之内优质地完成整个项目，这需要项目经理能激励团队有效、可靠地执行运作。由于要和客户、自己的团队、施工人员、展会主办方等方方面面的人物打交道，从立项一直要跟进到项目总结，处理协调在这个过程中出现的各种问题，因此会展项目经理的掌控协调能力一定要强，要善于交际、沟通，并且有良好的团队意识和合作精神。项目经理的思路要细致、井井有条，能明晰确定哪些工作分派给团队内部的哪些人员完成，哪些工作应转交给承包商完成。正确把控与其他部门的合作与协调，具有超凡的谈判能力保证展会的顺利推进。

操作步骤：

1. 明确本部门对其他部门的要求，并准确向对方表明，希望取得对方的理解和支持。

2. 如果对方部门推诿，合理向上级申述，请求获得上级部门的支援，将问题处理好。

3. 如果对方部门继续推诿，会展项目经理运用谈判手段，在顾全大局，不影响该展会品质的前提下，做适当的妥协和让步以使会展工作顺利推进。

4. 如果与其他部门发生冲突，项目经理应保持对冲突的敏锐观察，识别冲突可能产生的不同后果，尽量利用对项目管理有利的冲突，同时降低和消除其对项目产生严重的危害。

项目内容小结

会展项目经理应具备领导能力、冲突处理能力、团队管理能力、解决问题能力、项目管理能力。会展项目经理应拥有与相应责任相匹配的权利，这样才有利于会展项目管理的顺利推进，在会展项目管理中，会展项目经理还应该具备一些较高的问题处理技巧，充分利用管理方法处理工作中的问题和困难。

自我评估

1. 会展项目经理应具备的能力有哪些？
2. 简述会展项目经理应享受的权利和承担的职责？

任务三　会展项目人力资源管理

一、会展项目人力资源管理

会展项目人力资源管理是指对于会展项目的人力资源所开展的有效规划、积极开发、合理配置、准确评估、适当激励等方面的管理工作。

会展项目人力资源管理的内容：项目组织规划、项目人员的获得与配备、项目组织成员的开发与项目团队的建设等。见图 3-1。

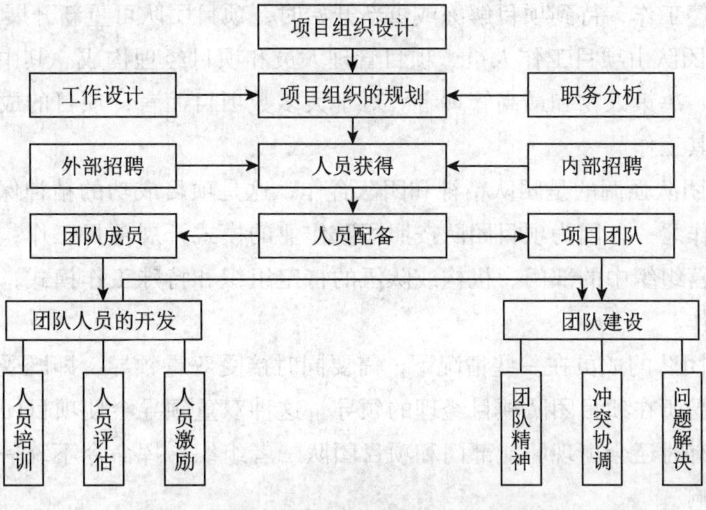

图 3-1　项目人力资源管理工作的主要内容

一般项目团队的持续时间相对于运营组织而言是很短的，所以必须在项目团队建设和人员开发方面采取高效快捷的方式方法。会展人力资源管理作为项目人力资源管理强调高效快捷，因此会展项目团队建设是项目人力资源管理的一个首要任务。

二、会展项目团队

团队就是指一组成员为了实现一个共同的目标，按照一定的分工和工作程序，协同工作而组成的有机整体。团队可以是现有组织中的一个组成单元，也可能是在现有组织构架下新成立的组织单元。构成团队的基本条件是：成员之间必须有一个共同的目标，而不是各自有各自的目标；团队内有一定的分工和工作程序。上述两项条件缺一不可，否则只能称为群体，不能称之为团队。

会展项目团队就是为适应会展项目的高效实施而建立的团队。会展项目团队的具体职责、组织结构、人员构成和人数配备等方面因项目性质、复杂程度、规模大小和持续时间长短而异。会展项目团队的一般职责是项目计划、组织、指挥、协调和控制。会展项目团队要对项目的范围、费用、时间、质量、风险、人力资源和沟通等进行多方面管理。

从会展项目团队的定义中可以看出，这种组织有如下特性：

（1）项目团队是为完成特定的项目而设立的专门组织，它具有很高的目的性。这种组织的使命就是完成特定项目的任务，实现特定项目的既定目标。这种组织没有或不应该有与既定项目无关的其他的使命或任务。

（2）项目团队是一种一次性的临时组织。这种组织在完成特定项目的任务以后，其使命即终结，项目团队即可解散，在出现项目中止情况时，项目团队的使命也会中止，可以解散或暂停工作，待到项目解冻或重新开始时，项目团队可重新开展工作。

（3）项目团队由项目工作人员、项目管理人员和项目经理构成。其中项目经理是项目团队的领导、决策人物和最高管理者。对于大多数项目而言，项目的成败取决于项目经理的人选及其工作。

（4）项目团队强调的是团队精神和团队合作，这是项目成功的精神保障和项目团队建设的核心工作之一，因为项目团队按照团队作业的模式开展项目工作，这是一种完全不同于一般运营组织中的部门、机构或队伍的特定组织和特殊工作模式，所以需要强调团队精神与合作。

（5）项目团队的成员在一些情况下，需要同时接受双重领导，即既受原有职能部门负责人领导又受所在项目团队项目经理的领导。这种双重领导会使项目团队的发展受到一定的限制。有时还会出现职能部门和项目团队二者组织指挥命令不统一的情况，对项目团队造成影响。

（6）不同组织中的项目团队具有不同的人员构成、不同的稳定性和不同的责权利构成。一般项目型组织中的项目团队的人员构成多数是专职的，项目团队的稳定性高，而且责权利较大；直线职能型组织中的项目团队的人员构成多数是兼职的（包括项目经理和项目管理人员），项目团队的稳定性低，而且责权利较小；矩阵型组织介于这二者之间。

（7）项目团队还具有渐进性和灵活性等方面的特性。其中渐进性是指项目团队在初期多由较少成员构成。随着项目的进展、任务的展开，项目团队会不断地扩大。灵活性是指项目团队的人员多少和具体人选会随着项目的发展与变化而不断调整。这些特性与一般运营管理组织是完全不同的。

（8）项目团队建设是项目获得成功的组织保障。因为项目团队的工作是由项目团队成员完成的。项目团队建设的主要内容包括：项目经理的选择，项目工作人员的挑选，项目经理和工作人员技能培训与提高等方面的工作。

三、项目团队的创建与发展

（一）会展项目经历的发展阶段

1. 形成阶段

此时团队成员由个体而归属于团队，归属的需求得到满足，总体上有一种积极向上的愿望，团队成员的情绪特点包括：激动、希望、怀疑、焦急和犹豫，在心理上处于一种极不稳定的阶段。此时项目经理需要为整个团队明确方向、目标和任务，为每人确定职责和角色。

2. 震荡阶段

项目团队成员开始合作后就会有人发现各方面与当初的设想和期望不一致而出现失望，结果产生矛盾和抵触。此时团队成员情绪的特点是：紧张、挫折、不满、对立和抵制。项目经理需设法解决出现的各种问题和矛盾，消除震荡的关键在于容忍不满的出现和积极解决冲突，消除团队中的震荡因素。

3. 规范阶段

此时项目团队成员的情绪特点：信任、合作、忠诚、友谊和满意。项目经理此时应通过正负强化等激励手段去规范人们的行为，应开展积极授权和支持项目团队成员的建议和参与，应使整个团队和每个团队成员的行为都能为实现项目目标服务。

4. 辉煌阶段

此时项目团队的成员积极工作，项目团队不断取得辉煌成绩。此时团队成员开放、坦诚、相互依赖和具有很高的团队集体感和荣誉感。项目经理在这一阶段应该采用自我管理和自我激励的模式开展管理。

（二）会展项目团队建设

项目的成功完成除了优良的设备、先进的技术外，更重要的是人的因素。为了完成某个项目，需要把各种技能的人组织起来，并要求大家关注同样的目标，密切配合，协同工作，这便形成项目团队。项目团队的优劣很大程度决定着项目的成败。因此，为项目组建一个优秀的团队，并在项目实施中不断建设、发展，是项目成功的有力保障。

1. 团队成员培训

项目组织开发的首要任务是团队成员的培训。就是给项目团队的成员传授完成工作和任务所必需的基本技能与素质的过程，它是项目人力资源开发的基础性工作之一。团队成员培训的作用有：提高项目团队综合素质，提高项目团队工作技能和绩效，提高项目团队成员工作满意度。

2. 项目的绩效考评

绩效考评与激励是项目人力资源管理的一项重要工作，同时它也是调动项目团队成员积极性和创造性最有效的手段之一。绩效考评通过对团队成员工作绩效的考察与评价，去反映团队成员的实际能力和业绩以及对某种工作职位的适应度。

项目专业人员往往追求完美，通常情况下，完成项目任务是很困难的，而当项目专业人员为了追求职业荣誉感而不断改进产品时，任务变得几乎不可能完成。项目变更会导致项目延期。在整个项目过程中，项目经理必须时刻强调按时完成进度的重要性，及时考评项目团队的工作绩效有利于促进会展项目的顺利完成。

3. 会展项目团队激励

会展项目团队的激励则是运用有关行为科学的方法和手段，对团队成员的行为满足的需要予以满足或限制，从而激发团队成员的行为动机和潜能，为实现项目的目标服务。

鼓励团队成员完成项目任务。项目经理在物质奖励和项目人员升迁方面的权力很小。激励项目团队中的诸如工程师、科学家、专家之类的技术人员的方式有认同、成就、工作本身、责任、创新、学习新的知识。同时对做错事的情况千万不要滥用表示不满意这种方式，偶尔的表示不满意是有效的方法。

参与式管理也是一种激励方式。即允许成员在一定的可控范围内对项目设计和实施拥有一定权力并负一定责任，提倡个人或团队应该在决定采用何种方式实现预期目标和寻求更好的途径完成任务。参与式管理能够提高工作绩效、改进生产方法和提高产品质量。

任务解决

展会项目经理团队管理方法

一、确认经营目标，接受业绩考核

展会项目的经营目标，一般包括营业收入（由展位收入、广告收入和其他收入构成）、营业利润和登记观众人数（好的消费类展会虽有观众统计，但多不采取登记流程）三个方面的指标。这些指标由公司下达，其根据是项目财务预算。项目经理须参与财务预算，深入了解经营目标形成的依据。公司通过与项目经理签署协议的形式，确认项目的经营目标和项目经理的管理责任。签署协议的项目经理，将接受公司的业绩考核。完成或超额完成指标，将获得相应的薪资（包括与指标挂钩的佣金）或超额奖金；若未完成指标或出现重大经营管理失误，个人收入将被扣罚，或受到降薪甚至免职等处罚。

二、细化经营目标，在团队中分解落实

项目经理须将公司下达的经营目标逐一细化，按照团队成员的业务分工逐人落实。

如展位收入指标，需要细化为展览面积、展位数、展位销售定价之后，再根据销售代表拥有的客户资源，分解为每个销售代表的销售指标。在展会项目团队中，所有成员都应该知道项目的经营指标，也必须明了自己承担的经营指标。此谓“人人头上有指标，个个肩上有责任”。有经验的项目经理，一般会在团队内偏高下达指标，即团队内下达的指标高于公司指标，以利确保实现公司指标。

三、制订工作计划，掌握各项业务工作进度

以表格模式编制工作计划。工作计划以工作项目、子项、工作要求、完成时间和责任人作为表格主题栏目。工作计划中的工作项目一般按营运、营销、销售与其他分为四大项。每个大项之下再按具体业务细分事项即子项。如营运项目之下一般细分为展馆租赁（确定展会档期）、展位图布置、展位搭建、特装展位搭建审查、物流、展会现场服务、行政许可办理等子项。通过制订工作计划，项目经理将督促各项工作按要求、按时间推进。

四、明确团队成员分工，坚持规范的业务流程

团队成员一般按营运、营销、销售三个环节分工。每个团队成员都应明确具体的业务岗位及其职责。中小型项目的团队成员业务岗位分工有交叉或兼职，也需要事前明确。每个岗位的业务流程应由公司统一制定。团队中的每个成员均应按规范的业务流程，开展自己负责的业务工作。团队成员的分工和规范的业务流程，属于公司管理制度的组成部分，项目经理是执行者。在执行过程中，项目经理可以加以优化，使之更加合理，更有效率。

五、养成沟通习惯，保持团队内部信息通畅。

保持团队内部的信息通畅，旨在发现工作中存在的问题，以求及时解决。会议是制

度化的沟通方式。一般有周会和专题会议。项目经理须主持会议。周会主要是调度业务工作进度。专题会议则是针对项目经营管理中重要问题的专项研讨。周会需要团队成员全体参加。专题会议可根据需要确定参加人员。个别交流也是重要的沟通方式。项目经理与团队成员“一对一”或小范围交流，易于掌握不便会议沟通的信息。电子邮件的沟通也很重要。重大问题或敏感问题（如调整分配）即使口头沟通了，也应通过电子邮件确认。

实训任务

案例分析：

原来从事金融工作的小徐，有渠道但没有技术，有了一个非常好的项目，召集了一帮技术人员加入他的项目团队，都很有实力，大家也都很认可这个项目，决定齐心协力一起搞。请问这个从事金融工作的小徐在团队管理上应从哪些方面着手做？这样做的理由是什么？

任务分析：

强化项目团队工作意识有以下优势：

（1）激发成员完成任务的潜能，激励团队寻找更好的解决问题的途径；

（2）专业人员不愿意接受特别具体的管理，参与式管理不会具体规定他们如何工作，而是给定目标，允许他们设计自己的工作方法；

（3）团队成员都明确他们对项目的成败负有责任；

（4）为集思广益提供了很好的途径；

（5）能够及时反馈团队成员的绩效；

（6）为项目经理提供了一个评价团队绩效的方法。

操作步骤：

采用上述团队培训，进行公平公正及时的团队绩效考核以及通过多种途径激励团队等方法可以强化团队（以及团队的成员）实现项目目标的责任意识。

项目内容小结

会展人力资源管理作为项目人力资源管理强调高效快捷，因此会展项目团队建设是项目人力资源管理的一个首要任务。会展项目团队建设采用上述团队培训，进行公平公正及时的团队绩效考核以及通过多种途径激励团队等方法进行。

自我评估

如何对会展项目团队进行有效管理？

项目四

会展项目计划

职业能力目标

掌握会展项目计划的含义和形式；理解会展项目计划的编制内容和程序；掌握会展项目范围计划、进度计划和资源计划的含义；综合应用会展项目范围计划、进度计划和资源计划的方法和工具。

任务导入

首届×××博览会项目计划

项目阶段	时间节点	主要内容	备注
第一阶段	2014 年 9 月底前	成立工作机构； 落实经费来源	
第二阶段	2014 年 12 月底前	完善展览设计方案； 国内外展销企业招展； 预订参展人员住宿； 制订各项工作方案	
第三阶段	2015 年 1 月至开展	完成展位施工制作及布展； 落实参会人员名单； 落实参加各项重要活动人员名单； 展会期间的有关工作	

任务一　认知会展项目计划

一、会展项目计划的含义

会展活动是一个十分错综复杂的庞大系统，曾经有会展专家统计，一次展览会是由大大小小3600多项事件构成。因此，无论小型的会展项目，还是大型的世博会，虽然涉及人力、物力、财力是不同的，但所涉及考虑的细节问题都非常繁多，都需要在活动开始之前就制订好详细可行的执行计划，用计划来指导和规范项目团队的工作，同时，利用计划可以检查和监督各部门各工作人员的工作，确保会展项目在预定事件得以顺利圆满的完成，达到预期的项目目标。

项目计划工作就是项目团队成员在预算范围内为了完成项目的预定目标而进行的系统安排任务的一系列过程。会展项目计划，具体来说，就是根据项目策划所选定的会展项目主题，确定会展项目所要完成的目标，并制订为实现这些目标的进度计划和预算安排。会展项目计划不仅有利于项目团体对目标有更清晰的认识和理解，提高项目管理的运作效率，还可以为项目控制提供依据。

如图4-1，会展项目目标及会展项目计划工作的层次性所示，会展项目是一个系统工程，会展项目计划位于项目批准之后、项目实施之前。而作为项目管理的一个职能，它贯穿于会展项目生命周期的全过程。

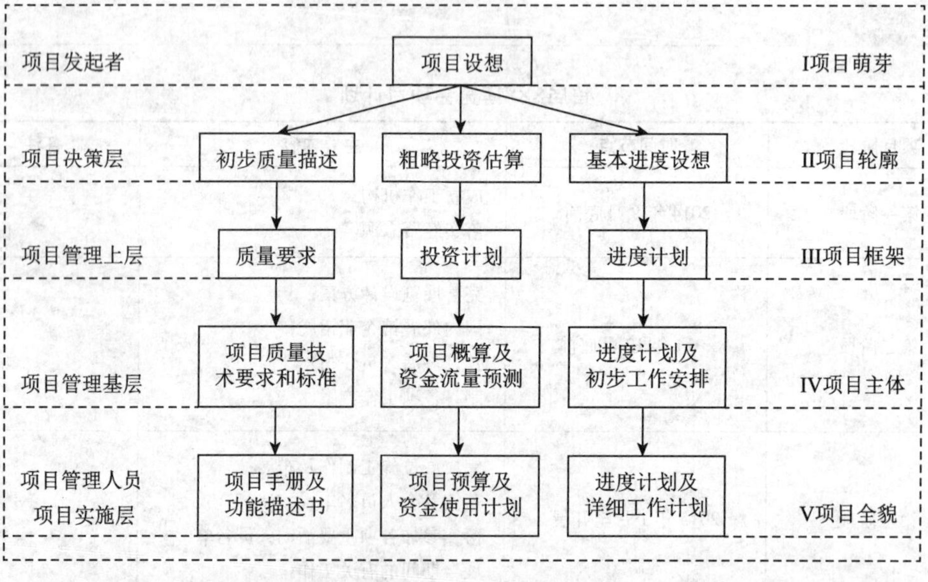

图4-1　会展项目目标及会展项目计划工作的层次性

案 例

2011 年西安世界园艺博览会作为特大型国际性活动管理的阶段划分：

1. 概念性阶段：包括论证、评估，申办、审批等方面工作。

2. 实施阶段：包括各种策划、方案、计划的制订，和建设、招展、招商、预先揽客、融资、运营组织建立、人员配备等方面工作的实施。

3. 运营阶段：包括开、闭园期间的园区营业，提供最终服务和产品。

4. 结束阶段：园区闭园收尾，资源、资产清理，决算，审计，总结，后评价等。

运营计划体系的建立需要经过以下相互关联、次第深入的四个阶段：

1. 运营战略（世园会总体规划的运营部分，对运营提出总体的构想和要求）。

2. 基本计划（运营工作纲要，即实施战略，是对运营战略的深化和细化。根据运营战略确认运营的目标、主要任务、基本要求和工作重点，是实施计划的关键依据）。

3. 实施计划（运营实施计划，主要确认各运营职能及任务的实施方案和推进计划，是操作手册的前提）。

4. 操作规范（运营操作手册，规定各项具体工作的工作流程和作业规范）。

因此，可以看出，会展项目计划主要是解决“5 个 W”的问题。如图 4-2，会展项目计划的“5 个 W”所示。

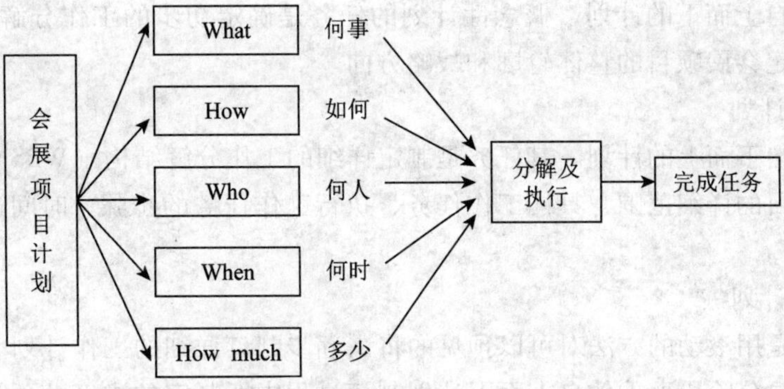

图 4-2　会展项目计划的“5 个 W”

其中：

（1）What（何事）——会展项目目标

会展项目要实现什么样的目标，以目标来指导会展项目组成员的工作任务。

（2）How（如何）——工作分解结构图

如何完成任务？可通过工作分解结构（work breakdown structure，简称 WBS），将会展项目分解为个体的工作任务，是项目组必须完成的各项工作清单。

（3）Who（何人）——人员使用计划

确定承担工作分解结构中每项工作的具体人员。

（4）When（何时）——项目进度计划

确定各项工作的总需时以及开始和结束时间，确定各项工作所需的资源。

（5）How much（多少）——项目费用预算

确定各项工作的经费预算及项目总预算。例如，某会展公司“2016 年家居用品展”项目组在开始工作之初，首先根据策划方案编制好项目范围计划、进度计划、资源计划，项目组各部门再根据这些计划下达的任务和完成的时间，在规定的预算内编制出各部门的详细工作计划，之后，各部门工作人员在部门工作计划指导下开展各自的工作，整个工作安排有条不紊。

二、会展项目计划的形式

依据会展项目计划需要解决的五个问题，会展项目计划按计划制订的过程，可以分为概念性计划、详细计划和滚动计划三种形式。

会展项目计划是一个前后相继的计划体系，它随着项目的进展而不断得到细化、具体化，同时又不断地得到修改和调整。

（1）概念性计划

通常称为自上而下的计划，概念性计划的任务是确定初步的工作分解结构（WBS）图，并由此规定会展项目的整体轮廓和战略方向。

（2）详细计划

通常称为自下而上的计划。其任务是制定详细的工作分解结构（WBS）图。详细计划提供会展项目的详细范围、具体工作任务、执行工作任务的步骤、时间进度安排、资源等。

（3）滚动计划

滚动计划是用滚动的方法对可以预见的将来逐步制订详细的工作计划。随着项目的不断推进，需要分阶段地重估自上而下计划制订过程中所制定的进度的预算。因此，需要在已编计划的基础上，每经过一个阶段（如以月、季度为单位），根据会展项目环境的变化等因素对原计划进行滚动调整。

三、会展项目计划的编制程序

（1）定义项目的目标并进行目标分解。

（2）进行任务分解和排序。

（3）完成各项任务所需时间的估算。

（4）以网络图的形式来描绘活动之间的次序和相互依赖关系。

（5）进行项目各项活动的成本估算。

（6）编制项目的进度计划和成本基准计划。

（7）确定完成各项工作所需要的人员、资金、设备、技术、原材料等资源计划。

（8）汇总以上成果并编制成计划文档。

四、会展项目计划书及内容

会展项目计划书是项目计划的交付性成果。包括一般内容和辅助资料两部分：

（1）一般内容

①项目许可证和项目章程。正式承认项目的存在并对项目提供一个概览。

②采取的项目管理方法。包括管理目标、项目控制措施等内容。

③项目范围说明。包括项目可交付成果和项目目标。

④项目工作分解（WBS）。

⑤项目开始时间及进度。

⑥责任分解与费用估算。

⑦主要里程碑和评估制度。

⑧人员安排计划。

⑨业绩考核和评估制度。

⑩项目主要风险。

（2）辅助资料

①项目各具体计划未考虑的事项。

②项目规划期间新增的文件或资料。

③技术文件。

任务二　会展项目目标和范围

一、确定会展项目目标

确定会展项目目标是项目计划的首要任务。首先要明确以下几个问题：为什么要办展览？是否需要寻找适销市场和新客户？是否想要介绍新产品或提供新的服务项目？是否需要选择代理商或批发商？对办合资企业是否感兴趣？或者通过展览来研究和开发市场？

会展项目目标是指会展组织者根据营销战略、市场条件和会展情况制定的明确的、具体的会展目的及期望通过会展而达到的企业目标。由于会展涉及的主体包括政府、会展公司、参展商、服务分包商、观众等。因此，制订会展项目计划应综合考虑各利益相关者的需要。

（一）会展项目目标的属性

（1）多目标性

会展项目的目标是一个目标体系，政府、会展公司、参展商、服务分包商、观众等不同的利益主体有不同的项目目标。

从政府层面看，会展产业的 1∶9 产业带动系数，发展会展经济可以更好地带动国民经济各行业的发展，促进社会全面进步等，而具体的会展项目则是实现这一目标的有力支撑。从会展公司层面看，会展是公司产生效益的来源，项目目标就是扩大会展规模，增加展位销售收入，提高利润率，树立公司形象，成为知名的会展企业；从服务分包商层面看，会展项目是其主营业务之一，其目标在于增加业务量，提高效率，树立公司形象，扩大知名度；从参展商层面看，参加展会是其重要的营销渠道，其目标是扩大知名度，建立营销网络，推广新产品，签订订单和销售产品；从观众层面看，参加展会时期获得行业信息的重要渠道之一。

（2）优先性

当会展项目的目标之间发生冲突时，要优先考虑其中的某个或某些目标。

（3）层次性

会展项目的目标是一个从抽象到具体的层次结构，是一个多级的目标体系。既需要总目标，还需要各个子目标，总目标是对会展项目最终交付结果的要求，而子目标则是每一项具体任务的结果要求，是可操作的解决问题的具体措施。

（二）描述会展项目目标的准则

描述项目一般有以下几个原则，首字母合在一起为“SMART”。

Specific（具体的）：项目有一个明确界定的目标，一个期望的结果或产品。一个项目的目标通常依照工作范围、进度计划和成本来定义。

Measurable（可测量的）：项目目标的结果都是以具体到可测量的数据为基础的条件来限定的，例如，2010 年上海世博会门票收入目标为 60 亿元。

Achievable（可实现的）：项目的结果或产品应该通过努力可以达到和完成的。

Relevant（相关的）；项目的实施要通过完成一系列相互关联的任务，也就是许多不重复的任务以一定的顺序完成，以便达到项目目标。

Traceable（可跟踪的）：项目的过程是可以通过文档、信息系统来监控和跟踪的。

因此，项目目标必须明确、具体，尽量用定量化的语言进行描述，保证项目内容易被沟通和理解，使每个项目组成员确信项目目标可以达到，并能使每个项目组成员结合项目目标确定个人的具体目标，做到责任到人。

（三）AUMA 所归纳的展会目标

AUMA（奥马）是德国展览与博览会协会，是德国展览业的权威组织，1907 年成立，现有会员78家，主要是德国展览公司和展会组织者、德国工商大会、德国各大行业协会、对展览感兴趣的专业协会、与展览业有关的专业协会、出国展览执行公司等。

根据AUMA所做的一项调查研究得出，企业参加展览会的目标可分成：基本目标、产品目标、价格目标、宣传目标、销售目标。

（1）基本目标：了解新市场、寻找出口机会、交流经验、了解发展趋势和平共处、了解竞争情况、检验自身的竞争力、了解公司所处行业的状况、寻求合作机会、向新市场介绍本公司和产品。

（2）产品目标：推出新产品、介绍新发明、了解新产品推销的成果、了解市场对产品系列的接受程度、扩大产品系列。

（3）价格目标：试探定价余地、将产品和服务推向市场。

（4）宣传目标：建立个人关系、增强公司形象、了解客户的需求、搜集市场信息、加强与新闻媒介的关系、接触新客户、了解客户情况、挖掘现有客户的潜力、训练职员调研及推想技术。

（5）销售目标：扩大销售网络、寻求新代理、测试减少贸易层次的效果。

例如，对德国慕尼黑展览公司举办的世界最大规模的机械工程设备类展览会AUMA进行过“企业参展目标”专门调查，其结果表明，其参展目标中提高企业知名度为85%，密切老客户和结识新客户均为70%，通过展览会宣传产品市场占有率63%，推介新产品60%，提升产品知名度58%，交流信息50%，发现客户需求50%，影响客户决策33%，签署销售合同仅29%。

可见，对成熟的参展商来讲，他们知道，尽管其参展的根本目的就是为了提高产品销售率获得订单扩大市场份额，但是，他们知道，企业作为一个组织机构的影响力大于任何一种产品的力量，而展览会作为一种中立的连接客户和市场的桥梁，对专业观众而言最具有影响力的除了产品性能和价格之外，更关键的是企业实力，所谓的企业实力，我们可以理解为是一种对产品供销的市场保障能力与提供服务的执行能力，也就是企业在强大实力基础上形成的企业卓越信誉，其在展览会的表现形式就是展示企业形象和提高企业知名度，这对世界500强企业来讲是一个基本的参展特征。因此，几乎大型的成熟参展商通常的参展标准目标模式可简述为：在知名展览会上集中精力“展示企业形象”和“推介创新产品”。

二、确定会展项目范围

（一）会展项目范围的定义

会展项目范围是指为达到项目目标所要做的各项工作内容，包含了所交付的产品或服务应该具有什么样的特征和功能以及为了实现该产品或服务所需要完成的工作内容。确定会展项目范围可以提高项目费用、时间、资源估算的准确性，可以作为确定进度测量和控制的基准，有助于项目管理者清楚地分派责任。

例如，2011 年西安世园会的项目范围包括：为世园会运营提供的服务（包括对参展者、参观者、工作人员、要客、媒体活动和论坛等提供的各类服务）、管理（包括对安全、园区公共事务、门禁、物流、志愿者、场馆和停车场等各方面的管理）和商业化运作（包括票务营销、园区商业设施经营和管理等商业化运作）。

（二）会展项目范围的内容

一般地，会展项目主要包括以下内容：

（1）参会者、参展商的确定，即确定参会人员或参展商的类型、层次、数量。

（2）专业观众和普通观众的确定，即确定观众人员的类别、购买能力水平、决策能力、数量等。

（3）制定合适的营销战略，即通过一定营销方式的组合，实现会议和展览产品的顺利销售，确保会展组织者的收入来源。

（4）确定会展服务的范围，即与会展服务总承包商或分承包商签订合同，为参会者、参展商和观众提供各种服务，如展品运输、展台搭建、保险、清洁、餐饮、邮寄等各项服务。

（5）展会现场的管理工作，即在展会现场协调参展商、观众和服务商之间的关系，确保展会顺利进行。

（6）会展评估工作，即在会展活动结束之后对展会环境、展览工作、展览效果等进行评估。

（三）会展项目范围定义的方法——工作分解结构（WBS）

1. 认识 WBS

WBS 是 Work Breakdown Structure 的英文首字母缩写，是一种面向可交付成果的项目元素分解，这个分解组织并定义了全部的项目工作范围，每降一级都表示一个更加详细的项目工作的定义。

WBS 最早的应用和雏形都是来自美国国防部（DOD）、国家宇航局（NASA）、国防工程和航空工业项目管理的实践，是出于工程的、技术的和科研的需要，现已广泛地应用于项目管理中，用来定义项目范围。从 WBS 概念的创建之初到现在，对工作分解的认识是统一的，那就是把项目最终交付成果细分成更小、更容易管理的部分，直到可交付成果被足够详细地定义，以支持项目活动的展会（计划、执行、控制、终止）。如图 4-3为某展览项目的 WBS。

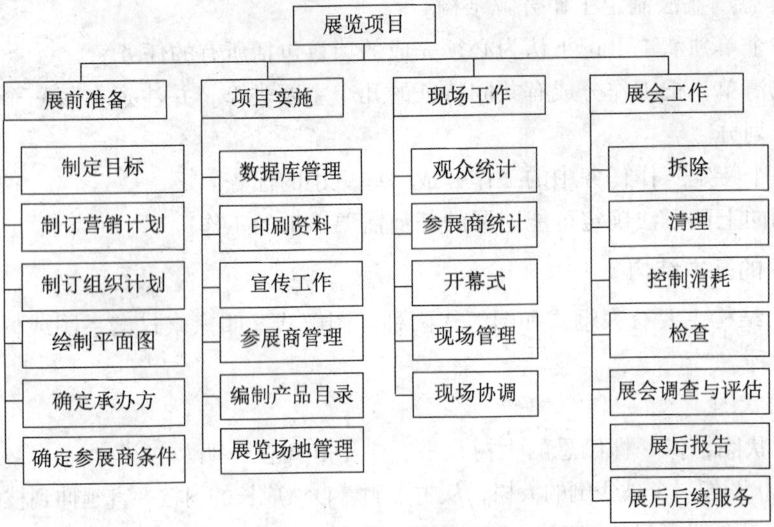

图 4-3　某展览项目的 WBS

2. WBS **建立的方法**

（1）自上而下法

①确定项目目标，着重说明将要完成的整个项目所有的工作任务。

②准确确认完成每一个工作任务所需的所有任务。

③详细说明完成每一个任务所需的子任务。

④进一步细分步骤②和③的每一项，使其形成顺序的逻辑子分组，直到其能够详细地描述整个项目。

例如，开展一个宴会项目的步骤如下。

第一步，定义项目目标。举办一次成功的宴会，使员工彼此沟通，并且得到福利，增强对公司的归属感。

第二步，确定完成任务所需的所有子任务。丰盛的宴会、邀请员工、宴会厅布置。

第三步，确定其他的工作范围，以确保 100%的工作被识别。如宴会，需要准备桌子、食品、饮料、环境布置等。

如图 4-4 会议项目 WBS 所示：

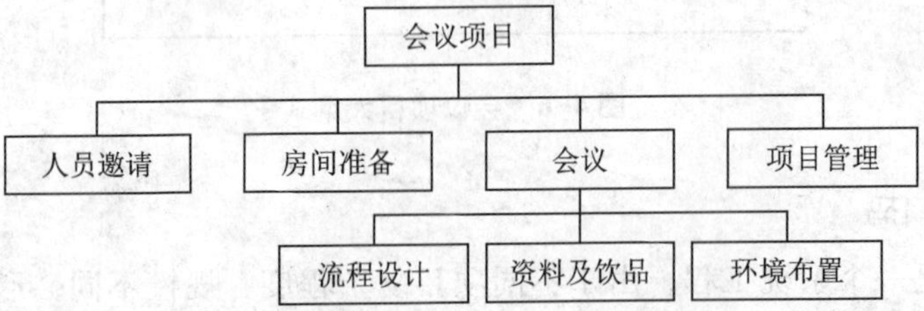

图 4-4　会议项目 WBS

（2）集思广益法制定工作分解结构

①在一个单独清单上记下认为必须完成的项目包括所有的任务。

②研究清单，把工作分成有共同特征的几个主要类型，并注意在每一个类型里必须按统一标准划分。

③把一个特定工作任务中的工作分成一些更小的任务。

④使用向上而下法确定可能遗漏的任何需要追加的工作。

3. WBS 的基本结构

WBS 的结构主要有大纲式和图解式两种。图解式又叫家族式谱系图或树状图，有垂直和水平两种。

（1）树状图

垂直树状图，像一棵倒悬的大树，根、主干和树杈分明。

水平树状图像一个被伐倒的大树，从主干顺着自然成长的树枝一直延伸到枝梢和树叶。

如图 4-5 会议项目树状图

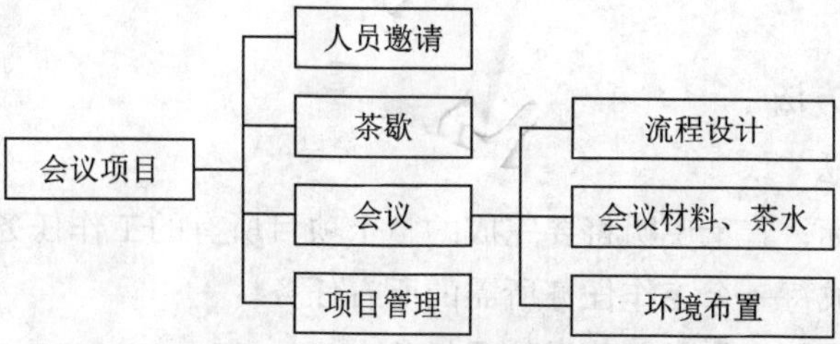

图 4-5　会议项目树状图

（2）大纲式

0. 会议项目
1. 人员邀请
2. 茶歇
3. 会议
    3.1 流程设计
    3.2 会议材料、茶水
    3.3 环境布置
4. 项目管理

图 4-6　会议项目大纲式

4. WBS 的编码

会展项目是一个系统工程，由于不同项目复杂程度、规模不同，形成了 WBS 不同的层次。WBS 一般最多使用 20 个层次，多于 20 个层次就是分层过度了。一般只需分解

到能做出所要求程度的准确估算，最低一级需要分解到可分配某个或某几个人具体负责的工作单元就可以了，这样，上级便于直接管理和监督，下级可以具体执行。一般较小的项目，4~6 级就可以了。

WBS 中的每一项工作都准确而唯一地确定了一个编码。这个编码有两个信息：第一，这项工作的类属，编码上直接能够读出该工作分级等次，其往上各层的拖延关系；第二，编码是 WBS 系统内部各项工作逻辑关系的基本识别信息。WBS 编码采用的数字位数需视项目复杂程度而定，由项目层数来决定，如图 4-7 为某会展活动的 6 级工作分解结构模型。

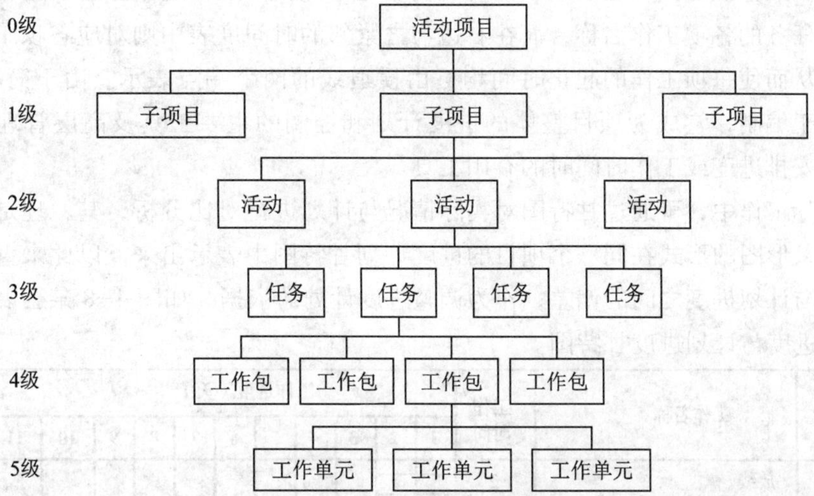

图 4-7　某会展活动的 6 级工作分解结构模型

任务三　会展项目进度计划管理

一、会展项目活动进度计划的含义

进度计划是表达项目中各项工作的开展顺序、开始和结束时间及相互衔接关系的计划。会展项目进度计划管理就是为保证会展项目各项工作及总任务按时完成所需要的一系列的计划工作与过程。制订进度计划的目的是控制项目时间和节约时间。

二、会展项目进度计划管理的目的

（1）保证按时获利以补偿已经发生的费用支出。

（2）协调资源。由于会展项目小组通常是临时组建的，某些项目小组成员或设备可能不属于会展项目经理直接管辖，需要对这些资源做出合理的预期和假设。

（3）使资源在需要的时候可以利用。

（4）预测在不同时间上所需要的资金和资源的级别以便赋予项目以不同的级别。

（5）满足严格的完工时间约束。

三、会展项目进度计划管理的工具

（一）甘特图（Gantt）

甘特图又称横道图，是应用广泛的进度表达方式，横道图通常在左侧垂直向下依次排列工作任务的各项工作名称，而在右边与之紧邻的时间度表中则对应各项工作逐项绘制道线，从而使每项工作的起止时间均可由横道线的两个端点表示。由于简单、明了、直观和易于编制，它成为项目整体的进度计划和控制的主要工具及高层管理者了解全局、基层安排进度或工作时间时的有用工具。

在实际工作中，可通过甘特图对实际情况与计划进行对比分析，其原理是将实际进度状况以条形图的形式在同一个项目的进度计划甘特图中表示出来，以此来直观的对比实际进度与计划进度之间的偏差，作为调整进度计划的依据。如图 4-8 某会展展台施工项目实际进度与计划进度甘特图。

工作序号	工作名称	工作时间	工作进度（天）												
			1	2	3	4	5	6	7	8	9	10	11	12	13
1	放线	2													
2	卫生、清料	2													
3	展商统计、楣板制作	4													
4	铺地毯	1													
5	电料准备	2													
6	展架安装	3.5													
7	灯具安装	2													
8	安装楣板	2													
9	灯具调试	1													
10	展品装卸	1													
11	租赁服务	2													
12	展台卫生	1													
13	竣工验收	1													

图 4-8　某会展展台施工项目实际进度与计划进度甘特图

（注：—为计划进度，**—**为实际进度。）

（二）里程碑计划

里程碑（Milestone）是项目中的重大事件，通常是指一个主要可交付成果的完成。它是项目进程中的一些重要标记，是在计划阶段应该重点考虑的关键点，里程碑既不占用时间也不占用资源。

里程碑计划是以项目中某些重要事件的完成或者开始时间作为基准形成的计划，是一个战略计划或者项目框架。通过里程碑计划可以对项目进度有宏观上的把握，是编制更细进度计划的基础。会展项目管理中会有很多里程碑事件，如会展目标的制定、营销计划的制订、参展商和观众的宣传等。如表4-2是以会展项目中里程碑事件的起始时间为基准制订的里程碑计划。

表4-2　里程碑计划

里程碑事件	1月	2月	3月	4月	5月	6月	7月	8月
	上中下	上中下	上中下	上中下	上中下	上中下	上中下	上中下
制定目标	15/1▲							
制订宣传计划		1/2▲						
参展商宣传		15/2▲						
观众宣传		15/2▲						

当然也可以以里程碑事件的结束时间为依据制作里程碑计划。但是无论是以开始时间还是以结束时间为依据，里程碑计划只是对会展进度计划的宏观安排，不能代替更细一步的包括每一项任务起止时间的进度安排。

（三）网络计划

网络计划，就是以时间为基础，用网络形式来描述一个系统，对系统进行统筹安排，寻求资源分配的协调方案。网络计划技术能够从系统的观点出发，用形象直观的图来表达生产过程中的各项工作之间相互制约相互依赖的关系，易于协调和配合，保证有计划、有节奏地完成任务。网络图能反映出系统之间内在的联系，分清问题的轻重缓急，使管理人员能抓住工作重点，科学地组织和指挥生产。能在纸上谈兵，合理协调人力、物力、财力，预见工程项目中可能产生的麻烦及工期拖延的原因，从而合理安排有限的人力、物力、财力资源，尽快完成工程项目。

（1）网络技术方法

①节点法（PDM，Precedence Diagramming Method），又称为顺序图法或单代号网络图法（AON），它用单个节点（方框）表示一项活动，用节点之间的箭线表示项目活动之间的相互依赖关系。

②箭线图法（ADM，Arrow Diagramming Method），又称为双代号网络图法（AOA），它是一种用箭线表示工作、节点表示工作相互关系的网络图方法。

（2）网络图的绘制

①绘制步骤。

②绘制原则。

③网络图的时间参数计算。

（四）日程表

大多数会展项目的管理者都离不开日程表，它是活动的日程或时间表。在计划的初期阶段，日程表的内容极为简单，时间分配只局限于活动的具体构成因素，随着计划的推进，日程表变得更为详细，如准确的舞蹈演员、表演模特、技术人员或其他员工的工作时间安排等，最后制定更为详细的日程表来确定每个人的任务和责任。

四、会展项目进度计划方法的选择

（1）会展项目的规模大小。

（2）会展项目的复杂程度。

（3）会展项目的紧急性。

（4）对会展项目细节掌握的程度。

（5）有无相关的技术力量和设备。

任务解决

会展项目进度计划管理是为保证会展项目各项工作及总任务按时完成所需要的一系列的计划工作与过程。会展项目进度计划的工具包括甘特图、里程碑计划、网络计划、日程表等。

实训任务

会展项目工作进度计划表的制定

成都会展集团拟策划主办西南地区农业机械展览会，根据会展项目启动阶段的工作任务，利用工作进度计划制订的方法，在一个月的时间内安排出项目启动小组的工作进度计划表，要求明确具体工作描述与责任人。

任务分析：

组织分工：教师将学生每5~8人分为一组，每组选取1人担任项目经理，1~2人担任经理助理。

任务研究：详细分析会展项目启动工作中的细分任务，并形成准确描述。

注意事项：学生们可能刚刚接触会展启动工作，对很多具体工作并不了解，本次实训的重点在于训练学生对项目管理各要素的把握能力，教师应从学生掌握项目管理要素的方法和项目操作程序的应用能力方面进行引导。

操作步骤：

1. 信息：会展项目启动工作的内容、农业机械市场信息、项目管理方法等信息。
2. 决策：以项目经理为团队核心，形成有效的团队工作计划步骤与决策方法。
3. 计划：人员分工与时间控制。
4. 实施：人员分工实施过程与团队决策结果。
5. 检查：由小组选派1~2名学生进行小组工作过程与工作结果介绍。
6. 评估：教师根据项目工作的方法，组织学生对各组计划方案所体现的项目要素完整性和团队工作配合度进行评价。

项目内容小结

会展项目范围计划管理是以会展项目实施动机为基础，确定项目范围并编制项目范围说明书的过程。会展项目范围计划的工具和方法包括工作分解结构、责任矩阵等。会展项目范围计划的结果包括项目范围说明书、项目范围管理计划等。

自我评估

1. 会展项目计划工作的含义是什么？包括哪些内容？
2. 会展项目计划编制的程序是怎样的？
3. 会展项目范围计划的含义是什么？
4. 会展项目进度计划的编制目的是什么？
5. 会展项目资源计划的依据包括哪些？
6. 会展项目资源计划的方法和工具包括哪些？
7. 试收集某会展项目的相关资料，运用本章所学知识编制该会展项目的范围管理计划、进度计划和资源计划。

项目五 会展项目财务管理

职业能力目标

掌握会展项目的收入预算与筹资预算方法；会展项目利润规划和利润控制的方法；会展项目利润盈亏平衡的方法；能对具体会展项目进行财务分析。

任务导入

某会展公司欲实现利润翻倍的业绩，怎么做可以实现这一财务目标？

任务一　认知会展财务管理

财务是一门涉及决定价值和决定决策的学科领域，其功能是促进资源优化配置。会展企业的财务关系是指会展企业在会展项目组织财务活动过程中与有关各方面发生的经济关系。会展项目的筹资活动、投资活动、经营活动、利润以及利润分配活动与企业内外各方面有着广泛的联系。

一、会展项目财务管理的对象

财务管理的对象是企业的资金运动。所谓资金，是社会再生产过程中财产物资价值的货币表现。这些财产物资价值，既包括有形资产的价值，也包括无形资产的价值，如专利权、非专利技术、土地使用权和商誉等。资金形态在货币资金与非货币资金之间周而复始地循环就是资金运动，主要包括资金的筹集、投入、耗费、回收和分配等环节。

会展项目的资金运动主要包括资金的筹集、耗费和回收三个环节，其中资金的筹集和回收是会展项目的现金流入，而资金的耗费则是会展项目的现金流出。

（一）资金的筹集

资金筹集又称筹资，是会展项目资金运动的起点，也是会展项目最初的现金流入。一般情况下，中小型会展项目主要通过会展公司自身的经营积累和项目的收入来解决项目运营的资金问题；大型会展项目由于资金需求巨大，还需要通过政府和企业资助、银行借贷等多种方式筹措资金。

（二）资金的耗费

资金的耗费是指会展项目的成本费用支出，是会展项目运营过程中耗费的活劳动和物化劳动的货币表现，是会展项目经济利益的流出。会展的支出项目包括市场开发费、会展营销费、场馆租金、展览布置费、承包商费用、交通运输费、通信费和人员工资与津贴等。

（三）资金的回收

资金回收是指会展公司提供产品和劳务后，以主营业务收入或其他业务收入形式收回的资金，它是会展项目管理过程中所形成的经济利益流入，是会展项目利润的主要来源。资金回收的数量通常大于资金耗费的数量，两者的差额即为项目的总利润，包括税金、利息和净利润等。会展的收入项目主要包括展位收入、门票收入、会务费收入、赞助收入、设备出租收入以及提供劳务收入等。

资金运动是会展项目运营活动的价值方面。财务管理就是对会展项目资金运动的全过程进行决策、计划和控制的一系列活动，其实质就是运用价值形式对会展项目的运营活动实行综合性的管理。

二、会展项目财务管理的主要内容

与财务管理的对象相联系，会展项目财务管理的主要内容包括筹资管理、营运资金管理、成本费用管理和利润管理等方面。

（一）筹资管理

会展项目的筹资，是指项目组织者根据会展项目需要，经济、有效地筹措和集中资金的活动。按产权关系，资金分为自有资金和借入资金两种形式。会展项目筹资的基本要求是遵循国家法律和政策的规定，贯彻经济效益的原则，从数量和时间上满足项目的需要，同时降低资金成本，控制财务风险，提高筹资效益，最终实现财务管理的目标。

（二）营运资金管理

会展项目的营运资金是指在会展项目进行过程中快速周转的资金。营运资金有广义和狭义之分。广义的营运资金又称毛营运资金，是指占用在流动资产上的资金；狭义的营运资金又称净营运资金，是指流动资产减去流动负债后的余额。一般情况下，营运资金的管理既包括流动资产的管理，又包括流动负债的管理。

（三）成本费用管理

控制成本费用是实现目标利润的重要阶段。会展项目的成本费用管理，是指项目组织者为保证项目目标的实现而制定成本预算，并对项目实施过程中发生的成本费用进行检测和控制，努力将实际成本控制在预算范围内的管理过程。

（四）利润管理

利润是指会展项目的经营净成果，是会展项目的收入减去成本后的余额。会展项目的利润管理主要包括利润规划和利润控制等方面的内容。在项目进行前，项目组织者应通过合理的利润规划制定出最优的利润。通过最优目标利润的制定，一方面明确项目财务目标，使会展的全部财务工作围绕目标利润展开；另一方面可以为最终的项目经营绩效考核提供标准。

三、会展项目财务管理的目标

会展项目财务管理的目标是指项目理财活动应当努力达到的境界和水平。财务管理目标是指导会展项目理财活动的方向，是评价会展项目经济效益的基本标准，是项目理财活动的出发点和归宿。财务管理目标制约着资金运动的基本特征和发展方向，因此必须明确财务管理的目标，以完善财务管理，实现资金运动的良性循环。

（一）以利润最大化为目标

利润是会展项目经营净成果的货币表现。按现代管理科学的观点，利润最大化财务目标是指在满足投资者必要报酬率的前提下，争取尽可能多的税后利润。这个目标包含了对盈利的相对水平和绝对水平两方面的要求。

（二）以外部效益最大化为目标

会展项目的外部效益，是指通过会展项目的实施对企业未来经营环境的改善程度，包括市场资料的获取、企业商誉的提升、未来产品销量的增加、潜在客户的增加等内容。外部效益最大化目标，就是通过开展会展项目最大限度地改善企业经营的外部环境，即获得最为翔实可靠的市场资料、最大限度地提升产品和企业自身的声誉、最大限度地增加未来客户等。

任务二　会展项目财务预算管理

预算是项目组织者为实现既定的财务目标，根据项目开展进度和任务的要求编制的财务计划。财务预算是会展项目财务决策的具体化，是控制整个会展项目资金运动的重要依据。制定财务预算有利于控制项目的各项收支，有利于项目资源得到充分利用，从而获得良好的经济效益。

财务预算是关于资金的筹措和使用的综合计划，包括短期的现金收支预算和信贷预算，以及长期的资本支出预算和长期资金筹措、收入预算。

预算与实际业务相辅相成，有财务活动就有资金运动，把项目预计的资金运动情况按一定的方式记录下来就形成项目预算。会展项目的财务预算主要是对会展项目的现金流入和流出的预算，其中现金流入包括各种筹资和收入项目，如拨款收入、展位收入、门票收入、赞助、提供服务收入等方面；现金流出主要指支出项目，如场馆租金、市场开发费、会展营销费用、人员费用和支付给服务承包商的费用等方面。

一、会展项目财务管理对象

（一）会展项目的收入预算

会展项目的收入预算主要从主营业务收入、政府资助收入和资源开发收入等三个方面进行。一般情况下，市场化运作的商业会展项目多以主营业务收入和资源开发收入为主；政府机构主办的或支持的项目多以政府拨款和资源开发收入为主。

1. 主营业务收入的预算

会展项目涵盖范围广泛，不同的项目类型，其主营业务收入来源也不同。例如，会议项目的主营业务是召开会议，其主营业务收入的来源是参会，即与会者向会议主办者交纳的参加会议的费用。又如，展览项目的主营业务是展位的出租，其主营业务的收入来源是展位费收入，即参展企业或组织租用展位支付的租金。

一般情况下，主营业务收入是商业会展项目最主要的收入来源。编制这部分收入预算时，应充分考虑到市场因素对价格的影响，以保证预算的准确性和可靠性。

2. 政府资助收入的预算

对于政府机构主办的或者政府大力支持的会展项目，政府相关部门会给予一定的拨款，以保证项目的顺利运营。这部分收入是政府的财政支出项目，数额一般是固定的，其预算过程比较简单，预算结果出现偏差的可能性不大。

3. 资源开发收入的预算

资源开发收入是项目组织除了主营业务收入之外，充分利用会展项目的各项有形和无形资源为项目的各方参与者提供其他服务获得的收入，主要包括门票收入、入场费、广告赞助收入、其他服务收入、利息收入等。

（二）会展项目的支出预算

会展项目的支出预算主要从场馆费用、布展搭建费用、招商招展费用以及行政后勤费用等方面进行。会展界一般将会展费用分为五大类，并根据不同的特点和标准提出分配比例和备用比例，具体见表 5-1。

表 5-1　会展费用分类表

类别	用途	占总预算比例
场馆费用	场地费是指租借会场和展馆、展场的费用；要根据会议规模来确定场地的大小、多少，会场越大、越多，费用越高；举办会展可根据实际需要展位面积预算费用	30%～40%
设计施工费	设计、施工、场地租赁、展架制作及搭建和拆除、展具制作和租用、电源连接及用电、电器设备租用及安装、展品布置、文图设计制作及安装等	10%～20%
展品运输费	展品的制作或购买、包装、运输、装卸、仓储、保险等，这部分开支因距离远近、展品多少而有所不同	10%～20%
宣传公关费	宣传、新闻、广告、公共关系、联络、编印资料、录像等，这部分开支收缩性大，有些展出者在宣传、广告、公关、编印资料等方面有专门的预算，展览宣传等工作是整个宣传工作的一部分，这类开支项目可列为间接开支项目	10%～30%
行政后勤费	正式筹备人员和站台人员的工资是展出者的经常性开支，虽然不从展览预算中开支，但是从管理角度看，为了计算展览工作效率和效益，必须计算人员开支。行政后勤的直接开支费用主要有人员的交通、膳食、住宿，长期职工的补贴、人员培训、人员制服、临时雇员的工资等方面的支出	10%～20%

成熟会展项目的支出预算可以在历史数据的基础上进行，预算的准确度相对较高。新的会展项目则要根据市场调查或者同类项目的市场数据进行测算，需要更多的假设和主观判断，其准确度相对较低。

（三）会展项目的筹资预算

会展项目的资金可以通过多种渠道来筹集，不同来源资金可使用时间的长短、附加条款的限制和资金成本的大小都不相同，这就要求项目组织者在筹资时不仅要从数量上、时间上满足生产经营的需要，而且要考虑资金成本的高低与财务风险的大小，一般选择最佳筹资组合，实现财务管理的整体目标。

会展项目初始资金的筹集方式主要有自有资金筹资和借入资金筹资两种。

1. 自有资金筹集

对于一个会展项目而言，自有资金是指项目主办机构自行拨付的款项，即拨款收入。拨款可以采用现金、实物资产等形式。

2. 借入资金筹集

借入资金又称项目的债务资金、负债，按资金可用时间分为短期负债和长期负债。其中，短期负债主要包括短期借款、融资券、应付账款、预收账款和其他短期应付款等，长期负债主要包括长期借款、企业债券、租赁融资和其他长期应付款，是大型会展项目的重要筹资方式之一。

二、会展项目预算工作的基本步骤

（一）预算信息的获取

预算编制程序是在假设的基础上展开的，信息的正确性和假设的合理性需要在项目的运营过程中加以检验，信息的偏差会导致预算偏离项目的财务目标。偏离的幅度过大，将会导致预算失去意义，所以根据实际情况及时地获取内部历史信息和外部市场信息，掌握的信息越多，预算的准确度越高。

（二）预算的制定

按照收入和支出项目设置相应的会计科目，并为每个会计科目编号，然后在设定的框架和条件下，预测各个科目的金额。新项目预算的制定方法有两种：一是零基预算，即对每一收支项目的预算都从头开始，分析研究预算期内的实际需要和收益，而后确定其发生额；二是参考同类项目的决算数据确定收支项目发生额。老项目一般根据上届项目决算数、业务量增减变动数和现行价格来制定本次预算。

（三）预算的制定

从广义看，预算工作中还包括决算环节。决算是对预算实施情况的核算、分析和总结。决算工作的重点是对预算和实际发生额之间差异的分析。预决算的差异分析主要是对导致差异产生的各种因素进行分析，具体包括：

1. 外部环境影响分析

即对经营环境、竞争对手以及供给条件等外部因素的影响分析。

2. 内部环境影响分析

即对组织结构变动、业务流程变动以及人员绩效变化等影响进行分析。

3. 预算过程影响分析

即分析预算时没有考虑到的因素或采用的预算方法存在缺陷。预决算的差异分析不仅能为以后的预算打好基础，同时还能反映项目的潜力，为今后项目扩大收入和压缩成本提供数据依据。

任务三　会展项目利润管理

利润是项目在一定时期内全部经营活动的净成果，是全部收入与费用相抵后的净额。会展项目在一定时期内通过努力应当达到的利润水平，称为会展项目的目标利润。利润是项目正常运营的基础，是评价项目经济效益的重要标准。从一般意义上说，企业利润管理包括利润规划、利润控制和利润分配三部分工作。会展项目利润管理，是项目组织者制定目标利润，并以目标利润为标准，对项目资金运动过程进行决策、计划和控制，保证财务目标实现的一系列活动。

会展项目的利润管理主要包括利润规划和利润控制两部分。会展项目正式开展前，项目组织者应通过科学的收支预测，规划并制定出项目的最优目标利润，作为项目的财务管理目标。在项目的运营过程中，全部财务管理工作都要围绕目标利润展开，对影响目标利润的各项因素进行检查、监督和控制，并采取各种措施增收节支，提高利润，保证目标利润的实现。

一、会展项目的利润规划

利润规划是在一定的条件下，通过对未来销售水平、成本水平的合理预测，确定目标利润的过程。利润规划是现代科学管理方法之一，项目组织者应当在分析市场需求状况、自身提供服务或产品的能力以及其他辅助产品的供应状况等具体条件的基础上，通过对项目的规模、定价、成本和风险等情况进行分析和测算，合理地制定出目标利润。

进行目标利润规划的主要方法是本量利分析法。这种方法以研究成本对业务量的依存关系为基础，研究成本、业务量和利润三者之间的相互关系，也称为成本性态研究，它是目标利润管理的基本方法。

（一）成本性态

成本性态是根据成本与业务量之间的依存关系而做出的一种成本分类。根据成本性态不同，可以将成本分为固定成本、变动成本和半变动成本。

1. 固定成本

固定成本是指在一定的产销量（业务量）范围内，其发生总额不随产销量（业务量）的变动而变动，而是保持相对稳定的那些成本费用支出。固定成本总额在一定时期内保持不变，因此随着产销量（业务量）的增加，单位产销量（业务量）所分摊的固定成本将减少。

会展项目的固定成本是指在展览项目的既定规模内，不随参展商和观众人数的变化而变化的那些成本费用支出，如项目组成员的工资、宣传广告费、场地租金、设备租赁费、保险费和通信费等，一些大型会展项目的固定成本还包括固定资产折旧和财产税金等项目。

2. **变动成本**

变动成本是指在一定的产业销量（业务量）范围内，其发生总额随产销量（业务量）的变动成正比例变动的那些成本费用支出，包括直接材料、直接人工、流转税金和佣金等项目。与固定成本不同，变动成本总额随产销量（业务量）的变动成正比例变动，而单位产销量（业务量）所支出的变动成本则保持不变。

会展项目的变动成本是指在展览项目的既定规模内，随参展商和观众人数的变化成正比例变化的那些成本费用支出，如注册工本费、资料费、招待费、礼品费、交流研讨会费用和营业税金等。

3. **半变动成本**

半变动成本是指在一定的产销量（业务量）范围内，其发生总额随产销量（业务量）的变动而变动，但不成正比例变动的那些成本费用。管理费用和销售费用中的很多项目都属于半变动成本。半变动成本可以按一定的方法分解为固定成本和变动成本两部分。会展项目的半变动成本一般包括交通费、劳务费等。

会展项目涉及的费用科目众多，不同费用在不同会展项目中的作用也有所不同。在进行目标利润规划时，应充分注意到会展项目的性质和内容对成本分类的影响，以便合理确定目标利润。

（二）目标利润销售量和销售收入

盈亏临界点是项目的总收入和总支出相等时候的状态，此时边际贡献全部用来弥补固定成本，利润为零，即

盈亏临界点的销售量 = 固定成本/（单价 - 单位变动成本）
= 固定成本/单位边际贡献

盈亏临界点的收入 = 固定成本/（1 - 变动成本率）= 固定成本/边际贡献率

式中，边际贡献率也表示为“（单价-单位变动成本）/单价”；边际贡献率与变动成本率（边际成本率，即单位变动成本和单价之比）的和为1。

盈亏临界点的销售量，是指会展项目达到保本状态的最低规模水平，对于会展项目就是指最低展位数量。在这个规模水平上，总收入仅仅能够弥补固定成本和变动成本，没有盈利。只有超过这个水平，项目才能盈利。

按销售量分析的盈亏临界点，适用于单品种的经营方式；而按销售收入分析的盈亏临界点，则同时适用于单品种和多品种的经营方式。

项目的正常销售收入超过盈亏临界点销售收入的部分称为安全边际，安全边际的边际贡献形成项目的税前利润，只有安全边际才能为项目组织提供利润。因此，目标利润的计算公式也可以表述为：

目标利润=目标安全边际×边际贡献率

综上所述，用本量利分析法预测目标利润时，可以使用以下公式：

目标利润=目标销售收入-（变动成本+固定成本）

=（单价-单位变动成本）×目标销量-固定成本

=单位边际贡献×目标销量-固定成本

=目标安全边际×边际贡献率

［例］某公司举办一个研讨会，场地租金等固定成本总额为40000元，与会人员的酒水和食品费用为每人200元，假定每位与会人员需交纳参会费400元，且除去以上成本外没有其他开支。要求：

（1）公司在盈亏临界点的参会人数。

（2）预计250人参会，其安全边际与目标利润。

解：

盈亏临界点的参会人数=40000/（400-200）=200（人）

安全边际=（250-200）×400=20 000（元）

边际贡献率=（400-200）/400×100%=50%。

目标利润=20000×50%=10 000（元）

（注：利用目标利润的其他计算公式也可以得到上述答案。）

二、会展项目的利润控制

目标利润的制定建立在对未来销量和成本预测的基础之上，其依据是历史数据和市场预期，具有不确定性。因此目标利润制定后，在项目运营过程中，要对影响目标利润的各项因素进行控制。项目组织者的计划、技术、营销和财务等各部门应通力合作，采取各项措施，增加项目利润，保证目标利润的实现。

（一）目标利润控制的主要措施

1. 确保服务质量

产品质量是企业信誉的基础，是企业生存和发展的保证，对于主要提供服务产品的会展项目也不例外。服务产品的质量直接关系到项目的成败，项目组织者应将质量管理纳入项目的战略管理过程，根据市场的变化制定质量战略，包括制定质量方针、质量目标和质量规划等。在制定质量战略的基础上，项目组织者还应建立和实施质量保障体系，采用科学的方法和先进的管理手段，保证各项活动有组织、有计划、高效率地开展。

2. 拓宽收入渠道

在会展项目中，拓宽收入渠道主要从两方面入手：一方面是开发适销对路的新产品，这是扩大项目影响和提高收入的重要途径，是实现目标利润的重要手段；另一方面是分析项目能够为相关企业带来的经济效益，吸引更多企业对项目进行赞助或捐赠。

3. 改进营销策略

营销策略是影响项目利润的一个重要因素，主要包括四方面的内容：商品策略、定价策略、分销渠道策略和促销策略。项目组织者事先应根据会展的目的制定正确的商品策略；在此基础上根据服务产品的性质和受众范围，确定合理的价格策略；同时，选择适当的销售渠道，加强广告宣传，采用多种促销方式，运用定点销售、人员销售以及公关营销等手段扩大市场影响力，增加项目的参与人数，以提高营业收入和利润，保证目标利润的实现。

4. 控制成本费用

根据成本性态的不同，项目的成本控制可以分为变动成本控制和固定成本控制。

5. 优化资本结构

合理确定项目资金来源中自有资金和负债之间的比例关系，在盈利状况良好、现金流量比较充足的情况下，可以适当地提高负债比例，以降低资金成本，充分发挥财务杠杆的作用，增加项目利润。

6. 增加和改善现金流量

现金流量的增加和改善可以减少项目的资金占用和利息支出，有助于目标利润的实现。一方面通过编制合理的资金预算，控制现金的流出，保证项目日常运营的资金需要；另一方面通过控制应收、应付款项数量，合理安排收付款的时间，增加项目的现金流入。

7. 优化资源配置

对运营过程进行实时监督，盘活项目中闲置或利用率低下的资产，使资本从低收益领域流向高收益领域，完善和调整现有经营结构，提高资产组合的质量和运用效率，优化资源配置，增加项目利润。

（二）目标利润的实现

利润目标制定后，可以通过增加销售量、提高产品价格、降低产品成本等措施来保证目标利润的实现。

三、会展项目利润盈亏平衡分析

所谓盈亏平衡，就是办展机构举办展会所得到的所有收入恰好能弥补其为举办该展会所支出的所有成本费用，也就是总收入正好等于总成本。能够使展会达到盈亏平衡的展会规模就是展会盈亏平衡规模，能够使展会达到盈亏平衡的展会价格就是展会盈亏平衡价格。

除了一些特殊情况，办展机构举办展会最起码的要求，应该是能够达到盈亏平衡的状态；换句话说，如果举办一个展会不能达到盈亏平衡，那么这个展会举办的可行性就要仔细斟酌了。

（一）盈亏平衡分析方法

进行盈亏平衡分析，最重要的是要找到能够使展会达到盈亏平衡的“盈亏平衡点”。所谓盈亏平衡点，就是能够使展会达到盈亏平衡的展会规模或展会价格。找到了盈亏平衡点，就可以为展会制定更加合理的价格，为展会规划更为合理的展览规模。

如果展会是以单位标准展位来定价的，那么展会的盈亏平衡价格可以按以下公式求得：

盈亏平衡价格（单位展位）= 展会总成本/展会总展位数

按以上公式求得的盈亏平衡价格，就是能够确保展会不会出现亏损的单位展位价格。如果单位展位的价格低于这个价格，展会就会出现亏损。

如果展会是以单位展览面积来定价的，那么展会的盈亏平衡价格就应该是单位展览面积的价格，这时，展会的盈亏平衡价格可以按以下公式求得：

盈亏平衡价格（单位展览面积）= 展会总成本/展会展览总面积

展会的规模通常是通过该展会拥有的标准展位数量或者是该展会的展览面积来衡量的。相应的，展会的盈亏平衡规模就有两种表示方法：一是通过计算能够使展会达到盈亏平衡的标准展位数量来表示；二是通过计算能够使展会达到盈亏平衡的展览面积来表示。

盈亏平衡规模（标准展位数量）= 展会总成本/单位标准展位价格

盈亏平衡规模（展览面积）= 展会总成本/单位展览面积价格

展会盈亏平衡点不仅对评估展会项目是否可行具有极大的参考价值，而且对改进展会的各种执行方案也具有积极的意义。由于展会的各种执行方案对展会的总成本影响很大，因此，改进展会的执行方案也就可以改变展会总成本，从而有利于展会的成功举办。

（二）基本盈亏方程式

将成本按性态进行分类后，本量利之间的基本关系式可表示为：

利润 = 销售收入-总成本

= 销售收入-（变动成本+固定成本）

= 单价×销售量-单位变动成本×销售量-固定成本

= （单价-单位变动成本）×销售量-固定成本

不同会展项目的收入来源和支出情况有所不同，但其利润形成的基本原理则是相同的。以展会为例，假设展会以展位收入为主要收入来源，用本量利分析法进行目标利润规划，其利润可表现为：

利润=总收入-总成本

=总收入-（变动成本+固定成本）

=单价×展会标准展位数-单位变动成本×展会标准展位数-固定成本

=（单价-单位变动成本）×展会标准展位数-固定成本

根据以上计算公式，可以对目标利润进行预测，其中销售量根据以前同类项目的运营水平和市场供求状况预测得出；单价根据国家的价格政策、项目的运营目的、项目提供服务的性质和市场供求状况决定；单位变动成本和固定成本依据相关成本、费用的历史资料确定。

式中，单价减去单位变动成本后的余额称为单位边际贡献。销售量与单位边际贡献的乘积，也即项目总收入超过变动成本的部分，称为边际贡献总额。边际贡献首先用来弥补固定成本，盈余部分则形成项目的税前利润。如果边际贡献仅能弥补固定成本，则利润为零，表明项目处于盈亏临界或盈亏平衡状态，项目的收入总额只能保本；如果边际贡献不足以弥补同定成本，则表明项目运营亏损。

任务解决

利润目标制定后，可以通过增加销售量、提高产品价格、降低产品成本等措施来保证目标利润的实现。

实训任务

会展项目财务预算

任务分析：

某展会项目展览面积为50000平方米，其中：室内展览面积40000平方米，室外展览面积10000平方米。规划标准展位10×10个，光地10000平方米，请根据本地区展览场馆和广告服务等市场价格，制定会展项目成本预算表。

操作步骤：

组织分工：教师将学生每5~8人分为一组，设组长1名，分组进行会展项目财务预算管理操作。

任务研究：训练关键在于让学生熟悉会展项目财务预算管理的过程，掌握预算中会展各财务费用项目的任务和成本。

注意事项：学生在进行项目预算前，为方便学生预算，教师应先提供本地展馆价格、广告价格、人工费用等相关价格，为学生预算实训提供必要的计算帮助。

项目内容小结

会展财务管理是会展企业遵循客观经济规律，根据国家计划和政策，通过对会展企业资金的筹集、运用和分配管理，从而利用货币价值形式对会展企业的经营活动进行综合性管理。

自我评估

1. 名词解释

资金回收　财务预算　会展项目的利润管理　会展项目的营运资金

2. 判断题

（1）预算是对预算实施情况的核算，分析和总结预算工作的重点是对预算和实际发生额之间差异的分析。（　）

（2）预算在传统上被看成是控制支出的工具，但新的观念将其看成“使企业的资源获得最佳生产率和获利率的一种方法”。（　）

（3）利润规划是在一定的条件下，通过对未来销售水平、成本水平的合理预测确定目标利润的过程。（　）

（4）所谓盈亏平衡，就是办展机构举办展会所得到的所有收入恰好能弥补其为举办该展会所支出的所有成本费用，也就是总收入正好等于总成本。（　）

（5）会展项目利润管理，是项目组织者制定目标利润，并以目标利润为标准，对项目资金运动全过程进行决策、计划和控制，保证财务目标实现的系列活动。（　）

3. 简答题

（1）会展项目财务管理的对象和主要内容是什么？

（2）如何为会展项目进行收入预算、支出预算和筹资预算？

（3）盈亏平衡分析法在展会项目中有什么作用？

会展项目现场管理

职业能力目标

了解会展现场管理工作作业程序，会展现场搭建商和参展商的报到及接待工作；掌握会展现场管理工作重点，会展现场管理与服务内容。

任务导入

展览会手册是会展项目现场管理的指导性文件。编制一份合理适用的会展手册的前提是全面掌握会展项目展览现场的所有服务工作和管理工作内容。召开展前会议并协调展会给参与方的工作衔接是展览会手册内容的具体落实。本项目以完成展览会手册和能够召开展前办公协调会为核心任务。

任务一　会展现场管理工作作业程序及工作重点

一、会展现场管理工作作业程序

会展管理工作包括会展流程管理、人力资源管理、展馆和设施管理、物流管理、项目管理和会展风险管理等。会展作为一个产业，其参与主体众多，产业链复杂，任何会展的成功举办都需要每一个参与主体的密切配合，做好每一个环节上的工作。因此了解会展管理运作的基本流程和每一个参与主体的基本职责是会展管理的前提。

从整个会展运作流程上来看，大体上可以把会展历程分为三个阶段：会展前期准备工作阶段，会展现场管理工作阶段和会展后续工作阶段。

（一）会展前期准备工作阶段

此阶段的工作是展会流程中的重中之重，它关系到展会的类型、规模、参展商以及专业观众的数量和质量，是展会成败的关键。一般来说，在展会前期的准备工作中，是由组展商或组展单位根据展会的目标、所掌握的资源以及行业特点和市场状况等决定举办什么样的展会。展会类型确定后，组展单位就运用自己的营销网络，以各种方式招展，并尽可能使参展商的数量和质量符合本次展会的档次和购买。信息调研、真实性调查及风险防范、询价和议价、参展财务预算、订立合同这是组展商的主要工作和重要职责，也是展览会业务流程的重要环节。

1. 信息调研

参展前应对目标展会做详尽的信息调查，包括：主办方、承办单位、举办时间、展馆位置和承租信息、展位信息、展会影响力、往期经验和反馈、参展单位、参观者范围等。如赴国外参展，还应了解当地语言、政治环境、文化风俗、交通和食宿信息等。

2. 真实性调查及风险防范

展会的选择应注意防范风险，尤其是首次参加，参展前应通过当地 114 查询主办方、承办方、协办单位和展览馆电话，以确认其真实性。如果有条件应前往展馆、承办单位办公地点，并验看举办方营业执照和身份证明，如有可能，请当地律师予以确定。应尽量选择高规格、有实力的主办和承办单位操作的展会；尽量避免参加首次举办的展会，而选择已举办多届并有良好往期信誉的展会。

3. 询价和议价

参展前应与举办方商议价格，或争取其他方面的优惠政策。对我方拟长期重点合作的展会，应与主办方建立良好关系，以获得优惠的参展价格和相关待遇。

4. 参展财务预算

在提交参展提案时应做好财务预算，包括：参展费用、特型展示布置费用、展品运输保管费用、广告费用、宣传赠品费用、人员差旅费用等其他可预见费用。参展的投资规模应该参考展会对市场战略的支持作用、对区域市场销售的现实作用、品牌宣传和企业宣传的影响力。

5. 订立合同

决定参展后应与举办方订立合同，并在事先和事后请法律顾问出具意见并确认。

（二）会展现场管理工作阶段

会展现场的管理工作也是展会流程的重要环节，它是一个展会成功与否的直观体现。即使会展前期的准备工作做得再充分，如果没有好的现场管理，展会也不可能取得成功。组展商通过为参展商和观众提供良好的服务使得自己的利润最大化。了解参展商需求，提供进行展位分配、展台布置、广告信息发布、潜在客户邀请、展品及布件的运输和保管、参展人员的分工、参展人员行为规范和培训等工作直到会展项目结束。

1. 展位分配

展位应选择有利位置，主要考虑：出口、入口、中厅、休息区、餐饮区、洗手间附近等人流密集地段。避免选择死角、长排中段、有墙柱障碍等展位。应对人流方向进行预测，以决定最佳的展台展示方向。展位的大小可根据具体需要选用标准展位、双展位及36平方米空地，原则上建议选择非标准展位（特形展示）以适合品牌形象策略。在展位的选择前应了解附近展位的厂商信息和展示方式，并做出必要的设计调整

2. 展台布置和展品陈列

展台布置的基本原则：远观效果醒目有冲击力，近观效果舒适、明快，整体效果协调；展位结构和图片序列应考虑人流密度和流向；无论标准展位还是特型展位，都必须增加照明灯光；展品和图片的展示高度应符合人体身高和视角；展区微观细节构造应考虑：展台、展架、展示墙、标牌、标识、洽谈区，图片设计、说明性文字、动态屏幕演示系统、布展使用材料材质（一次性/重复性）。

展品陈列应根据行业特点、展品类型等要素综合考虑。

3. 广告信息的发布

根据需要可考虑在会刊发布广告，可以封面和内页文章形式发表；可根据需要选择条幅、彩球等展会外设广告；在参加展会前三个月，可以考虑以软文的形式在有影响力的刊物上发布报道，以扩大知晓度。

4. 目标客户的邀请

参展前应邀请潜在客户、原有客户、目标客户前来参加。邀请应附门票和礼券，增加吸引力。

5. 展品及展示布件的运输和保管

各种参展物品应在展前列出明细清单和运输方案，并责成专人负责，展后应对展品进行核对，对损坏、丢失的物品进行汇报。

6. 参展人员分工和培训

根据展会的规模，应配备相应的参展人员，并做明确的职责分配和展前培训。人员主要包括：展示经理、展示助理、专业演示和讲解、销售人员、女性演示和解说员。全体参展人员要求统一着装；佩戴员工名卡；态度亲切主动，举止合乎礼仪；谈吐规范，富有热情。对参展的必要事项、信息和规范应该做事前培训。

（三）会展后续工作阶段

项目执行阶段的结束并不意味着会展项目管理活动的终结，还需要进一步进行评估

和总结，因此还要经历一个项目后续工作的阶段。这一阶段的主要工作内容包括效果分析、信息收集和总结报告三项。

1. 效果分析

包括参观流量、有效客户数量、展览对销售的促进效果、客户对该次展览的印象，等等。展会结束后应该对参展的效果进行总结和评价。必须指出，展览的效果尤其是潜在影响力不易测定，因此对展览的实效分析不宜做不切实际的要求。

2. 信息收集

信息收集应作为展会活动的一项重要内容。信息内容包括：行业信息、产品发展动态、新技术、竞争对手信息、客户信息、客户质询和建议、展示设计趋势和改进，等等。

可考虑安排专门的信息搜集人员，不参与展台展示活动以起到身份隐蔽作用，主要负责搜集其他竞争对手信息。

3. 总结报告

总结报告应在参展后 1 个月内由展示负责人提交，内容涵盖信息收集概要、效果分析、展会评价、改进建议等。

二、会展现场管理工作重点

（一）会展前期的准备工作的重点——实施项目分解设计

所谓项目分解（Work Breakdown Structure，简称 WBS），就是把一个会展项目整体分解成易于管理和控制的若干个子项目或工作任务，其目的是为了准确地预计完成每项任务的时间和成本。项目分解是项目管理中最具有价值的工具，是制订项目进度计划、项目成本计划等多个计划的基础。一般来说，一个会展项目可以分解为招展项目、组展项目和服务项目，这一阶段的任务就是分别对三个子项目进行设计。

1. 招展项目设计

招展是会展项目中的一个重要子项目，会展项目成功与否在很大程度上取决于参展商的数量和质量。不同类型与规模的展会对参展商的档次要求不同，因此会展企业在招展项目的设计与策划上也应该有所侧重。例如，按照国际博览会的要求，外商比例应超过展位的 20%，因此要加强企业在海外的宣传。在专业会展中，招展项目更多地体现为团队形式，即通过国内外的政府驻外使、领馆或各类协会，集体组织参展。这种形式能有效增强展会的可信程度，提高招展效率，因而这种方式被广泛采用。

2. 观展项目设计

会展活动不仅需要参展商的参与，而且还需要一大批高质量的观展商和贸易商，才能形成较大的交易量，达到会展的基本目标。观展项目设计主要涉及对观展者的组织与促销计划。不同类型的展会，在观众组织上所采取的策略不尽相同。例如，非专业展会尤其是与日常生活有较大关联的行业展览，应采取灵活的组织方式组织观展者。这类展会由于专业性不强，因此在设计时应想方设法积极鼓励普通观众参与，并且免费参加，同时在展会期间穿插节目表演和抽奖等活动，以吸引观众观展。此外，也可以考虑在展馆内开展低价促销活动，扩大交易额。而对于专业性很强的展会，可以考虑主要以专业人士参加为主，以避免“热闹有余，收获不大”的现象出现。

3. 服务项目设计

服务项目设计的原则是急参展商之所急，想参展商之所想，提供完善的服务。一个国际性会展项目的配套服务设计，不仅包括展会的常规性服务，还包括一些个性化的服务。例如，举办者向参展商推荐运输商、站台搭建商；在会展的中心地带，设参展商休息室，提供不同口味的茶点，并在午间安排盒饭；现场设有商务中心及新闻中心，提供电话、传真及其他相关服务；在会展举办地所在的同一楼层设有银行或 ATM 柜员机，随时提供金融服务；委托专业会议服务公司，提供参展商及特邀专家的住宿及旅行安排，等等。

（二）会展项目执行阶段的工作重点——会展项目控制和会展项目调整

会展项目规划完毕之后，会展项目管理就正式进入了项目执行阶段。会展项目执行是指在既定的时间和预算约束下使会展项目得以顺利实施。这一阶段的主要工作包括会展项目控制和会展项目调整两项内容。

1. 会展项目控制

会展项目控制是对会展项目管理活动及其效果进行衡量、监督和校正的持续性过程，目的是为了规范项目运行，确保项目计划按照既定的目标和预算得以顺利实施。一般来说，会展项目控制主要包括任务监控和成本控制两项内容。

（1）任务监控

为了确保会展项目的顺利实施，首先应该对会展项目涉及的各项工作任务进行实时监控，及时发现问题、寻找差距，以便及时调整，保证项目按既定计划执行。会展项目无论大小，都应该监控当前项目计划的完成情况、已完成任务的复杂程度和所占比例、已完成工作任务的质量、项目团队成员之间的沟通和协作水平、会展场馆和相关设施的使用情况等。

（2）成本控制

项目成本控制是会展项目控制的核心内容，成本一旦失控，该项目就难以在预算内完成。因此，会展项目应该建立相应的财务制度，在项目执行过程进行核算和成本控制。会展项目成本控制的关键在于经常及时地分析成本，即把实际已完成的工作任务和花费相同数量成本计划完成的工作任务相比较，尽早发现实际成本和预算成本之间的差异。成本控制是一个持续性的动态过程。

2. **会展项目调整**

会展项目始终处于变化的环境之中，通过项目控制会发现项目的实际执行过程与计划任务之间不可避免地存在偏差，这就需要对会展项目实施调整。项目调整包括人员调整、预算调整和目标调整。

（1）人员调整

会展企业或项目组织的变化以及项目组成人员的个人原因等都会引起项目团队人员的变更，如领导职务的变动、新增人手、员工病假等，此时需要对会展项目人员进行调整。争取项目人员主要有三条渠道：一是与项目组织的主管上级沟通，从会展企业内部重新获得一批精兵强将；二是与参展客户沟通，他们可能会推荐一批人才；三是同一项目团队人员交流，挖掘一批新的骨干。

（2）预算调整

如果展会规模没有达到预期的估算，可能会导致会展项目预算出现较大偏差，就会造成对人、财、物等资源的配置不合理，此时就需要对会展项目预算进行调整。项目预算的调整同样应从人、财、物三个方面展开，关键在于要寻求使收益最大化而成本又最小化的方法。在进行预算调整时，要避免因调整造成项目执行的资金瓶颈，还应该注意稳定项目团队人员的情绪。

（3）目标调整

随着会展项目的不断推进，会展客户（包括参展商和观展商）越来越清楚地认识到一些在项目初期未能认识到的一些问题，因而不断产生一些新的需求，这时会展企业需要及时调整预定的项目目标，尽可能多地满足这些新需求。调整项目目标要注意两点：一是同客户积极地沟通、协调，及时把握新的需求动向，并在目标上达成一致；二是充分考虑项目成本预算，尽可能在成本控制下完成项目目标的调整。

（三）会展后续阶段的工作重点

项目执行阶段的结束并不意味着会展项目管理活动的终结，还需要进一步进行评估和总结，因此还要经历一个项目后续工作的阶段。这一阶段的主要工作内容包括结束总结、效益评估和信息反馈三项。

1. **结束总结**

在项目执行工作完成以后，会展企业需要进行项目执行情况报告、项目团队人员绩效评估以及项目成功的经验总结或失败原因分析，以便不断总结经验，吸取教训，为以后的项目管理工作提供参考和借鉴。

2. **效益评估**

会展效益包括直接和间接的经济效益与社会效益。直接的经济效益是指会议和展览所成交的金额，如参展商的订单收益等；间接的经济效益是指会展所带来的门票收入、广告收入，以及餐饮、交通、住宿等方面的收益；社会效益是指会展活动的举办以及会展举办地获得的社会影响力和示范效应。

3. 信息反馈

会展现场的活动结束后，会展企业项目管理还有一个重要环节就是与参展商进行信息的双向沟通和交流。会展企业需要请专业人士对参展的观众情况进行分析，并将由专业信息处理公司计算出的有关数据以及效益评估结果及时传达给各参展商，同时收集反馈意见和建议，以便于今后进一步提高项目管理的质量。

实训任务

案例：

成都某会展公司有A会展项目，A项目现场负责工作小组（展区组）运作该会的前期工作正如火如荼进行。

在与室外展场搭建商谈判中，双方通过前期沟通后形成合同并将着手搭建室外展区。但由于出现新情况室外展区改动较大，双方对原有合同的部分条款提出异议：展区组将原来室外展区的8组结构更改为16组，搭建商接受修改意见但将60元/平方米的原价提高到90元/平方米。由于展区组没有决策权，展区组工作人员小C带领搭建商到价格洽谈组办公室洽谈新价格。价格洽谈组却对50%的提价一票否决，谈判陷入僵局。

展区组工作人员小C冷静分析了一下当前情况：室外展区共400平方米，原来5米×10米/组，价格为60元/平方米；现改为5×5米/组共做16组，价格为90元/平方米。搭建面积不变，搭建增加承重结构，搭建商会有材料成本和搭建工费的增加，但不至于增长50%。小C根据自己的经验，对搭建价格胸有成竹，每年根据物价、行业等因素在去年的基础上加成；对本公司的搭建预算金额也了如指掌，即使增长也还有富余，不会被动。

这时，小C带领搭建商到室外展区的搭建场地现场勘查，并做无意状将当前搭建的市场价格透露给搭建商，让搭建商明白我方对市场价格的了解，又就材料增加部分给搭建商提出合理化建议，控制搭建材料成本的增加，最后表示希望长期合作。

交流后：双方合作愿望强烈，搭建商表示费用只增长20%，会积极行动做好搭建工作，同时希望经费按时到位；小C向搭建商承诺经费会及时到位。

小C和搭建商再次走进了价格洽谈组的办公室，15分钟以后，新的室外展区搭建合同已经签好了。

在此案例中，小C做了哪些工作？他是如何做好这些工作的？

任务分析：

在此案例中，小C首先做好了展前准备工作：了解财务预算计划，在询价和议价中占据主动、积极促成合同订立，以保证展会活动的顺利进行。其次小C在新合同订立中对预算进行了调整并控制了经费的增加。最后，小C的努力使得本展会项目在原有预算的范围内顺利推进，工作任务完成圆满，积极完成自己作为会展团队成员的本职工作。

操作步骤：

1. 小C做好了展前准备工作：财务预算计划，询价和议价，积极促成合同订立。

2. 小C在工作中行使了调整和控制职能。

3. 小C完成任务监控：及时发现问题、寻找差距，及时调整，保证项目按既定计划执行。

项目内容小结

会展现场管理作业程序及工作重点按照会展工作的时间顺序可以分为会展前期准备阶段工作、会展现场管理阶段工作和会展后续阶段工作。在会展前期准备阶段重点做好计划工作，计划工作越充分后期工作越顺利；会展现场管理阶段重点做好监控和调整工作，以保证会展项目的顺利实施；会展后续阶段做好展会的总结、评估和信息反馈工作。

自我评估

1. 会展现场管理工作中会展前期的准备工作有哪些？

2. 会展现场管理工作重点要做好的是什么工作？

3. 展会结束后的工作有哪些？

任务二　会展现场报到及接待工作

一、搭建商报到服务

招展后，展期临近，在开展前1~2周，展位搭建公司将入场搭建展位。展会主办方应该事前做好充分准备，为前来完成搭建任务的搭建商提供好入场和接待服务。

（一）搭建商报到准备工作

1. 相关资料准备

搭建商报到服务机构应该准备好搭建商报到需要的相关表格资料，如参展承诺书、参展企业信息登记表、参展商证件申请表、展具租赁申请表（如需要请报送）、展位的特装展位装修图纸、施工登记表、用电申请表、特装展位安全责任书、安全清洁保证金/特装管理费/施工证件费申请表等规范的空白表格，并发送到搭建商邮箱以备搭建商填写加盖公章。

2. 提前审核特装展位的搭建图纸

特装展位图纸审核资料包括：施工单位资质证明、营业执照复印件以及装修平面图、效果图和电路图等图表，施工单位资质证明、营业执照复印件应加盖公司公章加以证明。只有图纸审核通过才能够入场搭建。

3. **入场前衔接工作**

做好搭建商入场前的衔接工作。和场地方接洽，让场地维持可入场搭建状态；通知安保部门做好展位搭建期间的安保工作等。

（二）特装展位入场施工布展流程

1. **特装展位入场施工流程**

确定展台设计方案：参展商确定展位后委托施工单位（特装搭建商）设计展位；提前向主场承建商报送施工单位资质证明、营业执照复印件以及安全责任书（签字盖章），申报图纸等备案资料和水、电、展具预租；主场承建商通知图纸审查情况（未通过图纸审核的单位直到修改合格才给予进场）；施工单位（参展商）到主场承建商服务中心办理进场手续，领取施工证件；施工单位（参展商）进场施工；展台搭建完成，展品布置。

2. **展位入场布展流程**

凭展位确认书及缴款凭证到参展商报到处报到；经报到处审核确认后领取参展证进场布展；如有租赁或展位变更需求到主场承建商服务中心办理手续。

（三）搭建商搭建布展撤展管理规定

施工安全管理规定，展位布展撤展说明；展位布展撤展收费标准；施工操作规范要求等规范性文件的制定。

二、参展商报到接待服务

已经报名并签订参展合同的客商，将在展览会规定的时间内，到规定的地点，报到参加展览。展览会组织机构则须在规定的时间和规定的地点，接待参展客商报到。

（一）报到地点的选择与搭建

参展客商报到地点大多选择在展览场馆，也有少数选择在酒店或组织机构办公场所的。选择在展览场馆报到的，报到处一般应安排在展览场馆的主要进口处，如正门门口或序厅大堂，要求是位置明显，人员往来和疏散较为方便。要根据接待的工作需要以及展览场馆提供的位置，确定搭建标准展位的大小。搭建标准展位后，应在展位开口处搭设接待台。展位上的楣板处，应醒目标明“参展客商接待处”或“参展客商报到处”字样，让参展客商容易看到。

（二）接待报到的工作内容及流程

按参展服务指南的规定，根据签订的参展合同核对客户身份，并根据参展费交纳凭证核实客户交费情况后，向客户发放参展证、布展证及相关资料，同时接受客户咨询。如客户尚未交纳参展费或未全额交纳参展费，应要求其在现场交清参展费后再办理报到手续。接待报到的工作时间基本应与展览会布展时间同步。但由于参展客商的原因，提前接待报到的地点或延后报到的情况常有发生。其中，提前接待报到的地点，一般会在展览会组织机构的办公处所或临时设立办公室的酒店；而延后报到是指在展览会开幕后才赶来报到的参展客商，接待地点基本在展览会现场。

（三）接待报到的工作人员分工

由展览会组织机构的客户服务、展位销售和财务部门人员联合组成接待工作专班，按照不同的分工，具体负责参展客商报到的接待工作。

任务解决

展览会手册涉及了与展览会相关的几乎所有事项。这是非常必要的，因为，展览会手册是维系展会组委会核心管理小组与搭建商、参展商、展会服务商、观众等群体之间沟通的最佳方式（也许也是最后的方式）。为此，最好是编写三种不同版本的展览会手册，其中包括分别为展位搭建商、参展商编写的版本。总之，展览会手册必须为展览会运作的主要参与方提供共同认可的基本要求，并能帮助消除潜在的问题与误解。

实训任务

编制搭建商手册、参展商手册

请根据你目前正在运作（或正在策划）的展览会，编制搭建商搭建手册和参展商参展手册，让搭建商、参展商根据手册就可以顺利完成报到和入场工作。列出展览会手册（搭建商手册、参展商手册）应该包含的所有内容。

任务分析：

当前已有的展览会手册的内容是涉及了与展览会相关的几乎所有事项。阅读对象也涵盖了该会展的所有相关群体。这样就导致了现有的展览会手册内容庞杂，具体使用对象要在海量的信息里去排查自己需要的部分。所以，如果能够制定阅读对象明确的手册，将为会展的相关参与者带来极大的方便，也有利于会展的专业化水平的提升。

操作步骤：

一般展览会手册包括以下部分：

第一部分　参展须知：提供展览区、时间安排、管理规定等信息。

第二部分　服务指南：提供办证以及会现场服务等方面的信息。

第三部分　常见问题：针对参展商参加展览会经常问到的问题做出解答。

第四部分　附件：提供展览会各类业务表格的下载。

第五部分　技术数据：提供展馆各展厅限高、楼面负荷等数据。

制定搭建商手册

第一部分　搭建须知：提供展览区、搭建时间安排、搭建管理规定等信息。

第二部分　搭建服务指南：提供入场办证以及会现场服务等方面的信息。

第三部分　附件：提供展览会各类业务表格的下载。

第四部分　技术数据：提供展馆各展厅限高、楼面负荷等数据。

编制参展商手册

第一部分　参展须知：提供展览区、时间安排、管理规定等信息。

第二部分　参展服务指南：提供办证以及会现场服务等方面的信息。

第三部分　常见问题：针对参展商参加展览会经常问到的问题做出解答。

项目内容小结

会展现场报到及接待工作主要包括搭建商的入场搭建手续的办理和工作流程的规定，参展商报到布展手续的办理和工作流程的规定。在搭建商参展商的接待工作中应该提前做好相应准备工作并明确告知搭建商和参展商，使得会展现场报到及接待工作有条不紊地进行。

自我评估

1. 特装展位搭建商报到应提交的表格资料有哪些？
2. 参展商提前报到应该如何接待？
3. 参展商报到中心搭建的位置要求？

任务三　会展现场管理与服务内容

一、会展现场服务内容

会展现场服务工作根据服务对象的不同和服务阶段的不同包括不同的内容。

（一）根据会展服务对象不同提供的相应服务

1. 对参展商的服务

通报展会筹备情况、提供行业发展信息、提供贸易成交信息、展示策划服务、展品运输、邀请合适的到会参观、展位搭建、展览现场服务、商旅服务等。

2. 对观众的服务

专业观众：通报展会展品信息、提供行业发展信息、招揽合适的参展商、展会现场服务、商旅服务等。普通观众：告知展会信息、展会现场服务等。

3. 对其他方面的服务

新闻媒体、行业协会、行业主管部门等信息服务。

（二）根据会展服务阶段不同提供的相应服务

1. 展前服务

展会筹备情况通报、展品物流托管、参展参观咨询、陪同海关人员现场办公、展示策划服务、展位楣板制作安装和核对等

2. 展中服务

现场安全保卫服务、保洁卫生服务、现场咨询服务、现场租赁服务、观众报到登记等

3. 展后服务

邮寄展会总结、展会成交情况通报、介绍展会参展商和观众的来源及构成等。

二、会展现场管理内容

（一）布展期间的现场管理

布展启动。布展是指参展企业根据预定展示面积，在指定的时间段内进入展示场馆，根据产品展示需求设计布置展示空间。布展启动后即进入布展期，布展期通常安排在展览活动正式开幕前的三天或五天。

标摊安装。标摊：即标准展位的简称。标摊安装指组织者为参展企业搭建统一标准、统一规格的展示空间。目前的展位构成分为：标准展位、特装展位、异型展位、表演展区等，通常标准展位由组织者进行统一规划布置。企业不需要进行独立的搭建布置。

接待准备。展商接待准备指大型展览活动对参展机构实施有参展接待全过程的准备工作。包括了参展商注册、预订酒店、展品物流、资料发放、展期物资领用等。

施工公告。进入布展期后，对于部分特装展台需进行独立管理与服务。参展商在布展时，根据组织者与展示场馆共同制定服务流程，进行相关报批手续办理。主要包括有：展位电路图、材料说明图、展位平面图等。部分地区目前已要求特装展位施工服务机构必须由展示场馆或当地建筑设计管理机构资质证明方可进行施工。

现场布置设计。现场布置设计通常需要在掌握了展示场地的基本情况下，根据项目

规格参照展示地相关构造图进行设计。主要包括：开/闭幕式主设计、主席台设计、观众路线设计等，随着各种组织人群对展览活动的关注度加深，展览现场的人员就会发生相应的变化。所以通常都要求现场布置设计要留出足够的空间。

展场软服务检查。展场软服务检查，是指对展览场馆相关的水、电、空气、环境噪声以及工作人员业务熟悉程度、展期零售与供应类物资的储备等。

（二）现场安全保卫

展示场地安全、人员安全、展品安全、交通物流、餐饮检查、治安管理等。目前展览活动通常由公安机构与安保机构共同完成。由于展览活动会在短时间聚集大量的人员、物资等，所以对活动举办期间的各项安全准备、周密计划、措施严密、密切配合、联合作战、运用高科技，以及实施大警卫的战略方针是保证展览活动顺利进行的基本任务之一。包括进入展示场地身份识别系统设置，展示场地出入口设置，展场保安与便装安全监督员设置，展位安全施工与展品安全检查，人员疏散与物品管理系统设置，展示场所监视设备与对讲设备，展示地防火设备与消防设备准备，应急预案制订，现场救助医疗等工作的管理。

安检准备。展品安检指展览组织者与相关执法机构对进行展示空间的相关物品、促销品、试验品、表演品等进行必要的安全检查。防止携带有害物质的物品进入展示场所，给展场内人员造成人体伤害或事故。展品安检准备即组织机构与执法机构共同制定相关管理手续，并进行公示为展品安全展出进行必要的准备工作。

安防是指安全防范。安全问题是大型展览活动组织者、参与者共同关注的一件大事，因此安防也是展览活动尤其是大型公众性参与活动具有潜在危险的高风险工作。通常大型展览活动事件的安防工作，由组织者、国家安全管理机构、社会治安管理机构等共同完成。

应急预案。应急预案是指为了防止发生突发事件而事先准备的各种补救与防止性方案。应急预案是展览组织者及其管理在准备开展大型活动之前对可能突发公共事件的事前预防、事发应对、事中处置和善后管理过程建立必要的应对机制，采取一系列必要措施，保障公众生命财产安全。应急管理是对突发公共事件的全过程管理，根据突发公共事件的预警、发生、缓解和善后四个发展阶段，应急管理可分为预测预警、识别控制、紧急处理和善后管理四个过程。应急管理又是一个动态管理，包括预防、准备、响应和恢复四个阶段，均体现在展览应急管理的各个阶段。

（三）展会现场协调管理

项目执行启动。项目启动代表着项目前期各项准备与落实工作均已完成，根据项目策划机构的设置，选择适当的时机，正式启动展览活动事件的运营工作。

流程设计协调。流程对于即将举办的展览活动，根据时间、任务进行流程制定。明确不同时间相关机构应当完成或协调的任务，保证团队的统一运营。流程设计也可以根据活动举办时间的具体时间，设定倒计时工作任务表。前期虽然制定了大量的工作内容与流程，但是在具体开始运营后，应当根据实际运营情况随时调整流程，以保证各部门工作的顺利进行。

展期参观分配。通常大型展览会均根据展览活动性质，对展期参观进行一定的设计。例如，领导参观期、专业观众期、大众参观期或非专业观众参观期。

（四）参展商现场联络和服务

参展手册制定。参展手册是展览组织者为参展群体制定的参展商参加展览的服务手册。手册中对于本次展览活动事件的相关说明、标准、规定、服务项目等均进行了相应的条款制定。

证件统计。展览活动主要涉及的证件有：嘉宾证、贵宾证、记者证、参展证、观展证、施工证、工作证、参会证、赠票等。每日相关证件均会有所变动，证件的变动同时代表了展示空间或会议空间人流情况的变动，对相关证件及时进行统计，一方面可以防止证件短缺，另一方面可以根据证件情况有效地判断现场每日人流量情况。

展场排查。根据展位预订、展位报装总计结果、会议预订情况、广告位预订情况、现场活动地点、室外活动地点的预订的统计，核实参加展览展示的群体是否按照预订进行布置装饰，是否有需要更换地方或需要协调的内容。同时，也是为了防止展位变相转让，展出品不符合规定的手段之一。同时可以有效地查验是否有假冒伪劣产品进入展览活动现场，以免造成其他损失。

（五）观众登记和服务

门禁预演。门禁预演又被称为出入预演。当展览活动要举行时，就会有各类相关群体通过固定或指定的通道进入到展览展示场所。对于大型展览活动，在举行之前进行门禁预演是十分有必要的，一方面可以了解出入口每分钟的流量，另一方面对于相关人员的注册、登记、验证是否方便快捷均应该进行预演。

观众服务。观众服务是展览活动服务中的关键性环节。掌握观众需求、有效组织观众参观、通过动态信息的传输使观众随时掌握展览活动的进展，有助于加深观众对展览活动的认知。观众服务包括：准备观众信息、寄发观众参观函、邮发观众证件、公告举办期相关活动等。

（六）公关、媒体和重要接待活动

促销反馈。根据市场促销情况及时汇总相关展览购买团体的反馈信息有助于更好地掌握市场情况，针对不同的市场情况对营销战略进行调整

媒体统计。负责媒体信息、资料的收集整理，承担项目的媒介监测工作，定期提供媒介监测报告；担负日常媒体研究工作，为公司媒介传播提供战略、战术上的支持；承担公司传播研究的日常管理任务。

嘉宾确认。拟定、邀请、确认是一个完整的嘉宾服务系统。展览组织者在举办大型展览项目时，通常均会邀请部分领导与嘉宾进行开幕、参观、剪彩等。对于参会嘉宾、发言嘉宾、参观嘉宾、特邀嘉宾等的邀请和确认是一个周密而繁杂的工作，应足够重视。如在开幕仪式、剪彩仪式等重点展览活动中，需根据相关场地与参与人员数量来确定排序方式。排序方式为重要嘉宾站中央位置，其他人员按照行政级别或参与重要性进行排序。

（七）展会中相关活动管理

网站建设。目前阶段，建设展览网站是展览网络服务的重要组成部分。展览网站也是展览组织者一个廉价的载体，可以有效促进展览的服务，同时提高展览文化品牌建设。展览网站建设包括观众在线登记、参观展览在线报道、展览项目信息公告、展览服务信息说明、展览动态信息发布等。

会刊编制。展览活动期间组织编制精美会刊，利用彩色胶印，会刊在展览会场及展览会结束后分发给主要观众和买家，企业也可以现场定购。这是展览组织者提供的服务内容之一。在展览活动召开之前，对会刊内容、规格、资料确认日期均应当提前告知。同时，应当给予技术指标提示，以防止大量工作的重复造成浪费。例如，通过会刊尺寸为 210mm×285mm，相关供稿机构应当提供菲林或设计稿交至组织机构相关部门。

证件制作。展览活动包括的证件较多，不同的展览事件证件也有一定的区别，通常会议的证件包括：嘉宾证、媒体证、参会证、车证等。展览活动的证件包括：参展证、邀请卡、参观票、参会证、施工证等。

（八）撤展管理

展位拆除。谁搭建谁拆除，组展方加强监管；督促参展商退还租用展具，办展机构协调处理参展商与承建商间的问题；参展商展品的处理和回运，根据参展商的处理意见协助参展商出售、赠送、销毁和回运展品。

阶段总结。按照既定目标执行相关任务时，阶段性工作总结是有效促进工作任务的一种手段。阶段性总结包括：行政管理总结、市场发展总结、责权与分工协调性总结、业绩总结等。

客户回访。客户回访是客户服务的重要内容，做好客户回访是提升客户满意度的重要方法。客户回访对展览组织者来讲，不仅通过客户回访可以得到客户的认同，还可以创造客户价值。我们对很多企业的客户回访进行分析后，得到的结论是客户回访不会只产生成本，充分利用客户回访技巧，特别是利用 CRM 来加强客户回访会得到意想不到的效果。

任务解决

会展现场服务和管理的内容庞杂，头绪复杂。通常只要通过了现场服务就需要进行现场管理，所以会展现场服务与管理通常是同一件事的不同层次与角度而已。所以概括起来，会展现场服务包括：布展期间的现场管理、现场安全保卫、展会现场协调管理、观众登记和服务、公关、媒体和重要接待活动、展会中相关活动管理、撤展管理等内容。

实训任务

召开展前会议

展览会名称：2015 年中国成都电子游艺游戏设备博览会

展览会规模：6000 平方米（×××个展位）

展览会地点：世纪城 5 号馆

承办单位：深圳市会展服务中心

用时安排：布展 2015 年 5 月 18 日至 19 日；开幕式 5 月 20 日上午 9：30~10：30，展览 5 月 20 日至 22 日，8：30 展商进馆，9：30 观众进馆，17：00 清场，17：30 闭馆；撤展 5 月 22 日。

请你为该博览会召开展前会议，重点落实展期场地使用中相关单位的任务分工。

任务分析：

展前办公会议是开始布展之前，集合所有员工及展会现场管理人员（会议服务管理人员、服务总承包商等）全面检讨展览会的各项细节，并决定各种临时或紧急的工作安排的会议。展前办公会议能有效地预防各种潜在问题，因此，与核心管理小组成员（包括教育型会议经理、服务总承包商、设施方协调员）举行办公会议时，根据展览会的具体情况，应该注意限定设施方协调员的职权范围（尤其当需要做出与场馆设施相关的紧急或临时安排时），明确相关责任方的具体分工。

操作步骤：

2015 年中国成都电子游艺游戏设备博览会场地使用中任务分工。

场地租用方：

1. 请于 5 月 17 日配合组委会做好特装画线工作和标准展位搭建工作，请配合组委会做好现场服务工作；

2. 特装管理费由组委会统一支付，请做好特装展位面积的统计；清洁押金和施工押金由展商自行缴纳；

3. 玻璃房作为组委会现场办公室，请配备 6 桌 12 椅；

4. 请做好展览期间展馆及广场常规清洁工作；

5. 请按照组委会要求设置餐饮区，提供餐饮服务，并协商盒饭供应商加强就餐区清洁卫生工作；

6. 请保证水、电等动力设施的提供。

现场服务公司：

1. 该会有开幕式，请于5月18日前预留馆前开幕式区域；

2. 请配合组委会做好安保和消防工作，并加强广播循环播放防火防盗相关提示；

3. 请于5月18日至19日布展期间和5月22日撤展期间开启3B货运门通道，以便布、撤展。

财务部、收银办：

1. 请于5月20日下午委派财务人员清点展位；

2. 请协助做好费用结算工作；

3. 活动期间，我部门将给主办方提供免费停车卡3张，使用时间为5月18日至22日共计5天，停车卡押金由组委会支付，请提前制作好，以便发放给客人。

广告协作公司：

1. 请按协议协助组委会做好展会各类广告的发布工作，展会期间未经组委会同意，不得发布与展会内容同类型的广告内容。

自我评估

1. 如何进行会展现场的观众服务？

2. 现场安保工作有哪些方面的管理工作？

3. 公关媒体和重要接待活动有哪些？

项目七

会展项目危机管理

职业能力目标

了解会展危机的特点和影响；了解会展危机管理的内容、目的、原则和一般过程；理解会展企业预防危机的主要措施，能够掌握各种解决措施。

任务导入

危机的爆发，会使原本进展有序的会展项目的局面发生扭转。对会展项目在危机爆发前后进行有效的应对和处理，能把“危（险）”变为“机（会）”。本项目将全面论述会展项目危机管理的内容，并给出决策建议。

任务一　会展项目危机识别

一、危机的内涵、特征与生命周期

（一）危机的内涵

危机的定义有多种，站在不同的角度，采用不同的思维方式，对危机的认识、理解便会不同。在危机研究的过程中，专家学者们为危机赋予了各种各样的定义。

目前，被广泛认可的危机定义是：危机是指干扰事物自然流程的任何事件，而且相对应的组织和个人如果缺乏及时的认识和正确的处理，必将会对组织和个人造成一定的危害。简言之，就是打破了平衡，中断了正常运转。

根据以上定义，我们在这里可以将危机的基本内涵界定为：各种紧急的、意外发生的，对人员、组织和其他资源有重大损害的突发事件。

（二）危机的特征

1. 突发性

危机的突发性具有两重含义，一是指企业遭受外部环境突然出现的变化或内部因素长期积累到一定程度而爆发形成危机，由于平时人们对这些因素的细微变化熟视无睹，所以感到突然。二是指危机爆发的征兆或诱因是人们的感官或知觉难以企及的。从人们能够感觉到爆发所延续的时间很短，但破坏性很大，使得管理者措手不及而蒙受重大损失。如人员意外伤害事件是展览会中最常见的紧急突发事件，而这种事件往往都是由于展览搭建设施中不易察觉的隐患或当事人自己的不小心造成的，所以也是展览会中最不容易防范的突发事件。

2. 危害性

危机的危害性是指危机事件会对人员、组织和其他资源造成各种各样直接或间接的损害。危机越是严重，其危害范围和破坏力就越大，所造成的损失也就越惨重。这种危害不仅表现为人员或财产的损失、组织或环境的破坏，而且体现在危机事件对社会心理和个人心理的破坏性冲击上。如“9·11”事件后美国所有工业出现了3个月的停滞，而且“9·11”事件对美国会展业的影响至今尚未完全消除，在随后的两年时间中，美国的许多商业性展览会效果都大不如前，人们处于尚未平息的恐惧中而不去旅行，展览的参观人数也锐减。美国最大的展览之一Comdex，2002年的观众人数由25万减到了15万，危机所带来的影响由此可见一斑。

3. 紧迫性

危机的发生尽管存在先兆，但由于危机的发生通常出乎社会秩序或人们的心理惯性运行轨道，因此，危机事实上具有一定的不可预见性。危机一旦发生，便要求决策者在有限的时间内采取处理行动，要求企业对危机做出快速的反应和处置，任何犹豫和延迟都会给企业带来更大的损失，体现出危机紧迫性。有些企业由于危机事件走向困境甚至破产，可能只有一夜的时间。

4. 普遍性

“只有不做事的人和企业，才可能永远不犯错误”，企业在运营过程中，必然会面临危机，危机普遍存在于企业成长的始终。美国著名咨询顾问史蒂文·芬克说：“企业经营者应该深刻认识到，危机就像死亡和纳税一样难以避免，必须为危机做好计划，充分准备，才能与命运周旋。”任何企业都不可能永远存在、永远正确，这是企业发展的规律。企业在经营和发展过程中遇到危机是一种正常和普遍的现象。

5. **双重性**

双重性是指企业面临的危机既会给企业带来损失，但同时也有可能给企业带来某种机会或收益，即危机中也孕育着机遇。汉语“危机”这个词语就蕴含着“危险”和“机遇”两层意思。危机的双重性特征说明，对待危机不应该仅仅是消极的回避，更要敢于面对危机，善于利用危机。

（三）危机的生命周期

危机有其自身发展的生命周期，包括酝酿期（也称潜伏期）、爆发期、扩散蔓延期、减弱消失期。人们遇见的每种危机一般都是按照以上四个阶段依次显现。

企业危机也有寿命周期，每次危机发生也都是经历酝酿期、爆发期、扩散蔓延期、减弱消失期等阶段。

酝酿期。即潜伏期，这往往是风险不断增强的阶段。当然，酝酿期的某些特征会给危机管理提供警报，使企业采取有效的措施；但如果在这个阶段风险被完全忽略，就会导致危机的爆发。

爆发期。指事情发展到此阶段，就再也没有挽回的机会，其影响已经由风险转化为显性的危机。

扩散蔓延期。在这个时期，危机的影响程度会不断增强，同时，企业会有针对性地进行自我分析，分析企业的问题和危机根源，并采取补救措施来减弱危机带来的不良影响。

减弱消失期。是危机发生的最后时期，这时处理危机的人员找到解决危机最直接、最迅速的方法，危机对企业的影响逐渐减弱，直至转危为安。

二、会展危机的特点和类型

（一）会展危机的特点

由于会展行业的特殊性，会展危机除具有上述危机的一般特性外，往往还具有如下特点：

1. **敏感性强，易受多种因素影响**

无论会议、展览或大型节事活动，都是一项系统工程，具有较为复杂的结构，往往由许多相关的行业企业、机构、部门和人群参与其中，如展览会由场馆方、主办方、承办方、协办方、搭建商、运输商、参展商、专业观众、一般观众、公安、消防、餐饮、广告等许多相对独立而又相互依赖的部门组成联合体。因此，在筹备与举办过程中遇到风险或遭遇危机的可能性更大，而一旦某个环节出现较大的问题，就会影响会展的顺利举行。也就是说，会展项目敏感性高，脆弱性强，更易出现危机事件。

举例来说，2003 年的“非典”给北京会展业造成了巨大的损失，北京取消或延期的会展就占全年会展总数的 40%~65%。会展方面，北京最大的国际展览中心取消了 23 个展览会，占到全年总数的 45%；北京展览馆取消 18 个，占全年的 60%；北京农展馆取消 20 多个，占全年的近 50%。会议方面，北京最大的国际会议中心取消 100 多个会议，占全年一半，其中国际性会议取消比例则占 65%。原定在四五月举行的会展活动，由于“非典”的影响，几乎都没有达到展前所预计的参展人数，甚至部分企业的展览会都临时取消，这给参展企业造成了极大的经济损失。由此可见，会展活动具有很强的敏感性，极易受到影响，其风险明显高于其他行业。

2. 扩散性强，社会影响面广

相比其他企业活动，会展项目的参与者人数较多，群体人员的风险度比单个人员的风险度高。如“展览王国”德国，每年举办大型的国际贸易展览会就有 130 多个，观众逾千万。小型展览会的观众也要达几百人，大型的则高达几万甚至几十万人，这么多的参展人数对组展企业来说，是一个极大挑战。毕竟，相对于实物产品来说，人具有较强的流动性，这极大地增加了管理难度，风险较大，稍有不慎，就会产生危机。而在经济全球化的今天，任何细小的不安因素，都可能造成会展危机的“蝴蝶效应”，使企业遭受极大损失。

由于会展项目的规模和社会影响力大，媒体关注度亦高，在会展举办过程中，会不断有媒体要求采访，并及时将展会信息传递给大众。因此，若发生危机事件，必将对公众产生较大负面影响。此外，会展对于相关产业具有较大的拉动作用，会展危机的产生也不可避免地会波及这些相关产业，进而对社会形成较大的负面影响。

3. 时间性强，回旋余地小

会展项目运行时间较短，大多在 2~7 天。如果发生危机事件，决策时间有限，必须立即处理，稍有犹豫和延误，不但负面影响将迅速扩散，而且会展项目很快就将结束，曲终人散，留给参与者恐怕就是危机的状态和印象，组织者欲亡羊补牢也可能为时已晚。这对会展业声誉将造成巨大影响，会展项目的品牌价值也会遭受巨大损失。所以，对会展危机的处理，必须在充分准备的基础上，当机立断，分秒必争。

（二）会展危机类型

企业的经营环境复杂多变，市场竞争也日益激烈，导致不确定因素层出不穷，随时可能遇到突如其来的危机，如自然灾害、恐怖事件、环境污染、政治冲突、经济萎缩、市场疲软、意外事故、管理失误等。会展危机主要表现为以下几种：

1. 品牌危机

所谓品牌危机，是指由于会展组织者决策错误、主题选择不当，或者营销策略有误、内部管理失常，以及企业外部环境的突变而对品牌形象的维护产生的不良影响的事件。品牌危机的表现和根源是多种多样的，如行业内部的不正当竞争，会展品牌项目被杂牌会展企业“克隆”，同一主题的展会在同一区域短时间内重复举办，造成良莠不齐，参展商和观众不明就里，日后不愿参加此品牌的展会，以致“李逵”和“李鬼”同归于尽；相近主题的国（境）外知名品牌展会进入内地参加竞争，导致原有品牌处于窘困的尴尬境地；由于管理及服务不到位，引起参展商、观众或参会者的不满或投诉，加之媒体的报道渲染，使品牌形象受到严重损害等事件都会造成会展品牌在公众心目中形象不佳的危机事件，从而大幅度降低品牌的价值。

宏观经济环境的变化也会影响会展项目的品牌。每年的“糖酒会”就是一个例子。诞生于计划经济时代，有着政府主导色彩的“糖酒会”曾经无比辉煌，甚至被誉为“中国招商第一会”。但近些年来，随着经济、市场和传媒的多元化发展和变化，达成交易的商务功能正在日渐下降。近几年来的全国糖酒商品交易会已有一个奇怪的传统：开幕即闭幕。如 2005 年成都春季糖酒会于 3 月 21 日正式开幕，22 日便显出“曲终人散”的寂寥，而按规定此次展会于当月 25 日才结束。“开幕即闭幕”让许多企业数十万元的会展投入打了水漂。日益萧条的会场和越来越低的成交率，让绝大多数企业每年都对“究竟参不参加糖酒会”的选择更加迷茫。在中国数以万计的食品企业眼中，虽然每年的糖酒会仍是必不可少的交易平台，但其形象和魅力已经大打折扣了。

2. **营销危机**

会展营销危机主要表现为：招展招商手段落后，或营销策略不当（如在广告、公关等方面的成本控制），参展商或观众、参会者或与会者数量与质量未能达到原定的最低目标；展会中的某些大客户流失，展会失去亮点或吸引力，导致更多的客户和观众流失，利润不断下滑；由于销售指标落空，销售人员提成无望，销售队伍人心涣散，销售渠道陷于瘫痪，从而使得企业的市场竞争能力逐渐减弱，随后陷入了被动防守局面。营销体系的衰退会很快波及企业的调研、策划、管理、财务、人事部门等，乃至整个管理系统，而后可能引发人事和财务危机等连锁反应。

3. **人力资源危机**

会展企业的人力资源危机主要表现为频繁的人才流动，优秀人才甚至项目团队的离职，以及企业高层人事震荡等。之所以称之为危机，是因为这样的人事变动常常意味着企业人力资本投资的丧失，核心技术与机密的外泄（如客户数据库、策划方案、信息管理系统软件），企业员工士气的低落，企业凝聚力和竞争力的削弱，进而导致会展产品市场的缩减，或者某些会展项目的结束。会展企业的核心竞争力就在于人才，若不重视人力资源危机，无疑会给企业发展带来极大的负面影响，甚至可能诱发企业其他危机的产生。

4. **财务危机**

会展企业的财务行为包括制定预算、筹资、投资、资金使用、资金回收等，在这些财务活动环节中不管哪一个环节出了问题，都可能带来企业财务危机。例如，展览会组织者在某一展览项目的招商之前，都必须提前几个月甚至一年预定展馆场地，为此需要预付一笔可观的定金，如参展商情况不理想，甚至无法举办该展览会，展馆方不退定金，就必然会给企业带来财务危机。同样，会议组织者也需要预定会场及部分宾馆客房，如参会者人数不足，或会议取消，资金一般也不能回收，形成财务危机。总的来说，一旦会展筹备项目工作基本完成，而项目却无法实施的话，会展主办单位将立刻陷入困境，因为主办单位将没有任何收入，其高昂的成本也不会得到任何补偿或回报，而且，即使是会展项目改期，其所有前期投入又需要重新实施；另外，会展项目预算中的赞助资金目标未达到、参展商因故拒绝支付或拖欠展位费等情况，都将使企业资金暂时入不敷出，若企业无法找到合适的融资渠道，将会导致企业资金断流，财务难以为继，最后酿成企业运行危机。

5. 经营危机

由于会展企业经营者决策错误，主题选择不当，或者由于会展项目筹备期较长，在筹备过程中市场发生变化，而项目组织者未及时采取应对措施，以至于展览会的专业观众或会议的参会者很少，造成会展项目夭折或勉强开办而问题严重，引发上述品牌危机、营销危机、人力资源危机、财务危机或其他与经营相关的多种危机事件，统称为经营危机。经营危机经常威胁到会展企业或项目的生存。

6. 法律危机

随着我国会展业国际化步伐加快，会展企业和会展项目遭遇的法律危机也日趋增多。2005 年 3 月在美国拉斯维加斯的一个展览会上，灵通的展台突然被封，理由是原合作方以侵犯知识产权为由将他们告上了美国法庭。又如，同年 3 月下旬，在认定组织方上海某展览服务公司违背合同约定更改展览内容后，上海立德保温材料有限公司等 10 家公司分别将组织方告上浦东法院，要求退还参展费及由此产生的其他费用共计 1 万余元。上海某报以“邀请有花头，展览被调包”为题刊出了这些参展商手持抗议标语的集体照片。这两个例子中，参展商和展会组织方分别陷入了法律危机，如应对不当，则可能引发经营危机、信用危机等严重后果。

7. 突发事件危机

突发事件危机是指难以预料的突发事件引起的会展危机，特别是由于企业的外部环境突然变化，如国家宏观经济政策调整、亚洲金融风暴、流行病（“非典”、禽流感）、严重的自然灾害（地震、飓风）、“9 · 11”事件、伊拉克战争等经济、政治、社会、自然、军事等方面难以预料的变故，给会展项目带来的危机。一般来说，这些危机会严重影响原定会展项目的如期举办，使会展组织者措手不及，并常因受制于主客观条件的限制，难以正确应对这种变化。如 2003 年突如其来的“非典”对我国会展业的重创，至今还让人们心有余悸。又如，2005 年 8 月 29 日，“卡特里娜”飓风袭击美国南部沿海，导致许多城市，包括新奥尔良地区100多万平方米的巨大展览场地成为一片汪洋，遇难人数达1036人。当人们面对着一片汪洋唏嘘之时，会展人士则深切地感受到，这场灾难破坏的不仅仅是新奥尔良的音乐和海上油井，众多的展会因此不得不宣布取消，或者延期举行，新奥尔良地区的会议中心和酒店原定举办各类会议333场，占路易斯安那州总数的92%，其中118场预计在9月5日至11月15日举行。参观者每年在该市的会议开销为13亿美元，所以仅此一项就造成3亿美元的损失。空前的灾难让会议和展会的组织者们面临着两难的选择：取消、推迟，还是重选地址，这是个非常棘手的问题。另觅场地并不是轻松的任务。飓风过后，展馆和其他被毁设施的修复工作，因受灾城市水电供应的问题一度受阻。展会取消，会展公司一时没有业务，收入自然下降。为筹办新展会需要重新运转的费用以及安置员工的费用也成为迫在眉睫的难题。

此外，公关安全事故（波兰卡多维斯展览馆倒塌事件、密云灯会踩踏惨剧、展会珠宝失窃案等突发事件）也往往使展会组织方猝不及防，穷于应付，亦常会危及展会的举办。

（三）会展危机的影响

对于会展企业而言，危机可能造成的影响或效应大体包括以下两个方面：

1. 危机的负面影响

危机事件会对企业产生现实的负面影响或潜在的威胁。短期的负面影响主要体现在会展产品的销售、市场份额、企业利润等方面，长期的影响体现在企业形象、顾客信任度和品牌资产等方面，这些经过长期积累才形成的企业资产，一旦受损，需要花很大代价和时间才能重建。具体表现为：

（1）危机会使企业声誉受到明显伤害，损害企业的信用，从而影响客户对企业的信心和信任，造成客户忠诚度下降。

（2）危机会造成企业内部财务危机，使企业销售额下降，利润减少，使危机造成的损失最小化的必要成本增加。其中，“危机造成的损失最小化的必要成本”主要包括罚款或处罚、诉讼费、危机管理和公关顾问咨询费、向新闻媒体提供材料的费用、交通费和住宿费、信息宣传费、电话或电视会议费、目标广告费、媒体监控费用、大量的上网费用。

（3）危机会影响企业内部员工的工作积极性，造成内部员工工作效率下降，全神贯注于危机的解决而占用了时间，增加了企业的预算，从而减少企业营利性的活动。

（4）危机可能导致企业高层人事变动或流失，这会给企业造成极大的损失，由于他们大多有良好的客户群，他们的离职意味着企业又损失了一部分忠诚客户。

（5）企业为了摆脱危机造成的不良影响，在某些情况下，不得不改进主要产品或服务，甚至改变企业名称。

由于危机危害性的主要特点，人们通常侧重于关注危机的负面效应。

2. **危机的正面效应**

由于各危害事件之间都存在必然的联系，并且相互作用、相互影响，针对不同的危机主体，危机会产生不同的效应：一部分危机主体会受到危机危害，另外一部分危机主体也可能借助危机获得利益。如制药厂，疫情危机可能对企业原料供应造成影响，但也可能使企业生产的药品供不应求。又如，2003 年“非典”期间，传统展会被迫停止举办，而网上会展则乘势而起。对于同一危机主体，危机也可能产生正面效应，比如，危机促使会展企业发现与反思企业管理与市场策略上的问题，从而加以改进，增强竞争力（如果企业在危机之后还能存活的话）。

三、会展危机管理概述

现实的教训使会展企业管理层越来越认识到，建立危机管理制度来加强危机管理，对危机实行有效的控制，以防止危机影响面扩大或危害程度加剧，对于企业的生存和发展具有至关重要的作用。因此，会展企业也就越来越重视和实行危机管理。

（一）会展危机管理的含义

危机管理是指对危机进行监控、识别、预控、处理，以达到防范危机、控制危机，以避免或减少危机产生的危害，使整个组织和项目在危机中得以生存下来，将危机造成的损失降低到最低限度，甚至将危机化解为机会的整个过程。

会展危机管理就是指会展的组织者运用组织所能支配的资源，对企业所处的环境进行检测、分析，从而对会展活动的危机进行防范和处理，以减少危机发生和降低危害程度的活动过程。

（二）会展危机管理的内容和目的

会展危机管理属于会展企业战略的一部分，其要点是分析会展企业危机产生的原因和过程，探讨会展企业预防和化解危机的手段和对策。如何预防会展危机，妥善处理会展危机，并将会展危机转化为转机，是会展企业危机管理的主要内容。具体内容包括：会展危机意识的树立、会展危机预警系统的建设、员工培训、会展危机的识别和调查、会展危机处理策略的制定、会展危机处理机构的建立、与媒体及消费者和公众的沟通、会展事后总结与吸取教训，等等。

会展危机管理的目的就是力图识别、预测潜在的会展危机，预先准备各种应急计划，要在会展危机未发生时预防危机的发生；而在会展危机真的发生时采取措施减少危机所造成的损害，尽可能地阻止危机的发展，尽量将危机最小化，并尽早从会展危机中恢复过来。

（三）会展危机管理的原则

1. **预防为主的原则**

危机管理的精髓在于预防，在于未雨绸缪，防患于未然。无论何种危机，预防与控制是成本最低、损失最小的方法。因为在危机爆发后，往往只能尽可能减少损失，很难挽回危机造成的重大危害。如果在危机出现之前，就预先警觉并进行控制，便能以最小的成本化解危机。正如有些危机管理专家所倡导的："使用少量钱预防，而不是花大量钱治疗。"因此，在危机四个阶段的管理中，应该在第一阶段即危机的酝酿期就发现危机隐患并进行消除。会展危机预防必须根据行业特点，突出重点。

2. **积极主动的原则**

"好事不出门，坏事传千里"，当会展项目出现危机时，消息会不胫而走，成为社会舆论的焦点。其间，流言蜚语也会甚嚣尘上。如不及时有效地对社会舆论进行引导，危机的负面影响将会快速膨胀，从而增加危机处理的难度。因此，必须积极主动地采取各种措施，引导社会舆论向着有利于自己的一方发展，赢得社会公众的理解，为深入平息、妥善处理危机营造良好的舆论空间。

3. **公众利益至上的原则**

在危机管理过程中，应当将公众利益置于首位，会展企业从危机中预防、爆发到危机化解应更多地关注公众的利益（包括客户、观众、利益相关者等），而不仅仅是企业的短期利益，要拿出实际行动表明企业解决危机的诚意，尽量为受到危机影响的公众弥补损失，这样有利于维护会展的品牌及企业的形象，也有利于企业的长远利益。

4. **以诚相待的原则**

以诚相待是处理危机的基础，是妥善解决会展危机的基本原则。任何组织在处理危机的过程中，都必须实事求是，要高度重视做好信息的传递发布并在组织内部进行积极、坦诚、有效的沟通公关，充分体现出组织在危机应对中的社会责任感，从而为妥善处理危机创造良好的氛围和环境。对于处在风波中的企业来说，最大的致命伤便是失信于民，一旦媒体和公众得知企业在撒谎，新的危机又会马上产生。而且往往会产生一系列连锁反应，进一步加重危机的负面作用，以致给企业造成不可挽回的损失。

5. **快速反应原则**

从危机事件本身的特点来看，危机事件爆发的突然性和极强的扩散性决定了危机应对必须要迅速、果断。危机的发展具有周期性与之相对应，危机的破坏性往往随着时间的推移而呈非线性爆炸式增长。因此，越早发现危机并迅速反应控制事态，越有利于危机的妥善解决和降低各方面利益损失。内部对于危机事件必须保持高度警觉，早发现，早通报，便于高层尽快了解真相、做出决策。绝不可推诿责任，贻误时机。

在对外沟通方面，快速反应原则显得更为重要，及早向外界发布信息既体现出组织对危机事件的快速反应的姿态，又可以平息因信息不透明而产生的虚假谣言，赢得公众信任。

6. 协调统一的原则

危机发生前，应将危机预防作为企业战略管理的重要组成部分，统一部署，使全体员工参与危机预防，把企业平时管理和危机预防结合起来，及早发现危机的端倪，防患于未然，从而将事件控制在酝酿、萌芽状态。危机发生以后，决策者必须加强对指挥调度权的掌握，做到上下左右都协调一致去行动，决不允许“杂音”和“小动作”，这样才能稳住阵脚，化险为夷，扭转危机所带来的被动局面。

（四）危机管理的一般过程

一般来说，危机管理被定为“PPRR”模式。“PPRR”模式指危机管理的四个阶段的工作：危机前的预防（prevention）、危机前的准备（preparation）、危机爆发时的应对（response）和危机结束期的恢复（recovery）。在实际操作中，人们常从时间上分，将危机预防和准备的工作合并为一个阶段，成为事前管理，则危机管理的过程一般可分为以下三个阶段：

1. 危机预防（事前管理）

危机预防可以说是企业危机管理中最重要的一环。它是指在危机发生前采取措施，防止危机的爆发。危机预防在危机管理中成效最大。虽然任何企业都可能遇到危机，但这并不是说危机不可预防。事实上，所有的危机都可以通过预防来化解。这主要是因为事先的预防工作做得充分，不仅能在第一时间内发现危机的存在，同时也可以借助事先制订的应急预案开展目的明确的危机应对工作，进而将各种损失减小到最低程度。

危机预防系统包括危机管理意识的培养、危机管理体制的建立、危机管理资源的保障、危机管理人员的培训、进行危机处理模拟训练、与大众媒体建立良好关系等内容。

2. 危机处理（事中管理）

危机处理是指危机爆发后，为减少危机的危害，按照危机处理计划或应对决策，对危机采取直接处理措施和策略。危机处理是危机管理的主要环节。一旦企业发生危机事件，危机处理就显得极为重要，因为它事关企业的生死存亡。

这些措施和策略包括：危机信息的获取及评估，危机处理机构的建立和运作，确定独家代言人、信息发布和沟通方式，危机处理计划的制订，危机处理计划的实施、危机事件的全面评估等。

3. 危机恢复管理（事后管理）

危机恢复管理是企业危机管理的最后一个环节，是指在危机处理完毕之后，为恢复平常时期的状态而进行的一系列活动，特别是需要根据企业从危机处理过程中总结出来的经验和教训，改进企业经营管理活动，以防后患。其主要内容是对企业存在的问题进行解决和对企业积累的经验进行推广。具体包括调查、评估、整改等阶段。危机恢复管理的时间长短需根据危机的危害程度而定，原则上是尽可能缩短。

危机恢复管理工作做得好，除了有助于相关人员及时总结经验，以防在今后的危机应对工作中再犯类似的错误之外，还可能发现新的机遇，从而把原来的坏事变成好事，体现大多数类型的危机都具有的“危”和“机”的双重性。

任务二　会展项目危机评价

英国危机管理专家迈克尔·里杰斯特认为，预防是解决危机的最好方法。通过危机的预防措施，企业管理者可以寻找和发现产生危机的各种诱因，并采取相应的措施最大限度地将这些危机诱因在爆发前进行彻底或部分清除，从而避免危机的爆发，或者至少可以降低危机的危害程度。在这个阶段解决危机花费的成本相对较小，而且作用也最大。因此，危机管理重在预防，会展危机管理也不例外。

会展企业预防危机的措施主要有：强化危机意识；建立危机预警系统，进行危机信息搜集分析和风险评估；成立危机预防小组；制订危机应变计划，进行人员培训及危机模拟训练等。

一、强化危机意识

企业危机重在防范，防范危机的突破口就在于危机意识。对于企业组织来说，没有危机意识，单纯的“危机预防机构和条文”是很难真正防范和抵御危机的，超前的、无形的、全面的危机意识才是企业危机防范中最坚固的防线。大量的企业案例证明，企业与企业在危机应对方面的差异很大程度上取决于企业危机意识的差异。

这里所说的“危机意识”特指防范与应对企业危机的思维意识。比尔·盖茨的“微软离破产永远只有 18 个月”，张瑞敏的“我每天的心情都是如履薄冰，如临深渊”，任正非的“华为总会有冬天，准备好棉衣，比不准备好”及所有国内优秀企业领袖的危机观点，都是各个成功企业危机意识的精髓。在市场竞争激烈的现代社会，企业家心中强烈的危机感是无可名状的。或许正是因为有了这种危机感，有了这种冷静的冬天意识，他们才能带领企业渡过一个又一个难关，让企业生存得尽可能久远一些。

商海莫测，在激烈的市场竞争中，危机总是与企业如影随形，会展企业在其经营过程中也肯定要遭遇到各种类型的危机。会展企业和项目的管理者必须清醒地认识到这一点。例如，会展企业应当具有对展会项目衰落的危机感。从行业发展的阶段来分析，大多数单个的具体行业都存在着产生直至衰亡的生命周期，这是因为其产品都具有自己的生命周期，即新生、发育、成熟、饱和、衰退五个阶段。展会项目的展出效率与产品周期之间有密切联系：在产品新生和发育阶段，展会有事半功倍的效果；在成熟和饱和阶段，这些产品的展出效果可能事倍功半；到了衰退阶段，举办该类产品的展会往往会劳而无功。国内外电脑硬件和软件的展览会所经历的由盛而衰的过程就是见证。一度是科技界盛事的拉斯维加斯 Comdex 电脑展，近几年因参展厂商和参观人次逐年递减，人气明显消退，2004 年开始不得不停办。因此，面对某个行业火爆的展会，所谓危机意识，就是要保持清醒的头脑，预见到它衰弱的时间，并在此之前，研究和把握该行业的发展和产品的转型趋势，未雨绸缪，及时调整展会主题，重新定位。

当然，引发会展危机的因素决不限于行业的影响，企业内部管理和外部经营环境因素，企业管理中存在的大大小小的各类问题与缺陷等，都可能引发危机。

“生于忧患，死于安乐”，事实上，这些看得到的现实危机并不可怕，可怕的是没有危机感，从而在思想上放松警惕，也就不可能察觉那些潜伏的危机及爆发前的征兆。企业最大的危机是看不到危机，体会不到各种压力的存在。倘若如此，就会引发一连串问题，使企业经营陷入恶性循环，这种事态累积到一定的程度，最终不可避免地要爆发灾难性危机。在经营过程中，企业越是有危机感，越是感到有压力，就越会采取积极有力的应对措施，及时予以消除和化解。例如，我国加入 WTO 以后，外资会展公司大举挺进中国，这些外资企业的资金、品牌、经营理念和经验都远远胜过本土会展企业，使中国会展企业倍感压力。具有危机意识的会展公司往往会以此为契机，为企业改进和提升自身素质提供动力，审视和反思自己，主动寻找差距，千方百计消除、化解压力，提升经营管理水平，同时发挥本土会展企业了解中国文化、熟悉内地行业、具有成熟营销渠道等优势，提升综合实力和核心竞争力。

强化危机意识，会展企业高层首先必须带头，其次还要做到全员树立危机意识。只有企业上下都树立危机意识，才能在危机到来时各尽其力。普通员工的危机意识的树立，也降低了平时经营管理等潜在危机发生的概率。

二、建立会展危机预警系统

会展企业危机管理重在事先预防，提前做好应对准备，这就要有健全的危机预防系统，能够对可能的危机事件进行评估、预防，提前发出警报，以便制定应对措施。

（一）会展危机预警系统的含义和功能

1. 会展危机预警系统的含义

会展危机预警系统致力于从根本上防止危机的形成、爆发，是一种对危机进行超前管理的系统，是对预警对象、预警范围、预警指标和预警的信息进行分析和研究，及时发现和识别潜在的或现实的危机因素，以便采取措施、减少危机发生的突发性和意外性。会展危机预警系统主要起到评估预警信息、发出危机警报、防患于未然的作用。

2. 会展危机预警系统的功能

会展危机预警系统具有监视和预测两方面的功能。监视是指不断地对可能引起危机的各种要素和征兆进行监视，亦即灵敏、准确地搜集可能引发会展企业危机的内、外部经营管理信息，及时对其分析和处理。预测是指对未来可能发生的危机类型及其危害程度做出合理的估计，并在必要时发出危机警报。

与这两方面功能相对应，会展危机预警系统包括信息的搜集、分析和危机预测（风险危机）两大部分。

（二）会展危机信息搜集与分析

信息是危机管理的关键，也是会展企业危机预警系统有效运行的前提。根据会展企业运作特点，需要对企业外部环境信息及内部管理信息进行搜集、整理和分析。

1. 会展企业外部信息

会展企业外部信息的搜集范围十分广泛，包括政治、经济、政策、科技、金融、市场、相关产业、竞争对手、客户等方面的信息，这是由会展行业特点决定的。国家的政治方针或经济政策，甚至国际政治、经济都可能影响一个展览会或专业论坛项目的得失成败。例如，2006 年欧盟出台了从 4 月 7 日起将对来自中国的皮鞋加征 4%的临时反倾销税，并在 6 个月内逐步将税率提高到 19.4%，此政策使许多鞋业生产企业深受其害，进而殃及相关展会，导致原定于 2006 年 4 月 14 日至 18 日在广州中国大酒店举办的“2006 年春季广州国际鞋帽展览会”招展不理想，同时还影响了欧盟专业买家的到会。最后，展会组织方只得宣布暂时停办，形成会展经营危机。如展会组织方能及早获得这个加税信息，则至少可以减轻展会中途停办带来的经济损失。

又如，竞争对手的状况也会严重影响会展的成败或效果。2006 年 2 月，南京造纸工业展览会主办单位江苏省造纸行业协会和江苏省造纸学会在“停办公告”中称，因报名参展单位数量未达到设计规模，为了保证展会举办质量和维护已报名参展单位的利益，经研究决定停止举办这次展会。其原因据称是每年全国性的纸业展会已经有十多个，展会的数量过多，资源分散，部分展览类型相似、开展时间接近的展会，常常发生赶时间、争客户的恶性竞争行为，以致部分同主题的展会难以为继。其实，相同主题展会的信息不难获得，如展会企业重视这些信息，就不至于造成展览会临时取消的尴尬。

会展外部信息来源的另一个重要方面是客户的信息，包括参展商、专业观众、参会者、供应商等方面的信息。应尽可能收集、保存及更新客户数据库，并通过这些详细的资料，在与客户保持良好关系的同时，与客户经常进行沟通，搜集反馈信息。有些会展企业对于客户的投诉与建议似乎并不重视，事实上，很多会展危机的爆发是有先兆的，而客户的投诉与反馈是会展企业应特别关注的一个环节。

2. 会展企业内部信息

指会展企业内和会展项目的运行情况。会展企业内部的项目运行中出现的各种问题也可能是引发危机的因素，如展会项目市场调研是否认真、主题定位是否准确、市场营销策略是否有效、经营观念是否滞后、合作伙伴是否可靠、后勤保障是否落实、企业员工队伍是否稳定、合同规章是否合法，等等。如某会展企业员工对于薪水待遇不满，时有怨言和牢骚，企业高层对此类危机信号并未引起注意，最后一批项目管理骨干同时跳槽，引发了人力资源危机，进而危及该公司主办的展览项目，引起经营危机。

3. 信息的分析与评估

危机预警系统的作用不仅仅是搜集有关的信息，还需要对信息进行整理和分析，因为杂乱无章的信息对于管理者的决策是毫无意义的，也并非内外环境的任何风吹草动都需要实时监测，有些只需要做一般性的了解。预警系统的管理者要集中精力分析哪些对企业发展有重大或潜在的重大影响的外部环境信息，从而敏锐地察觉环境的各种变化，以保证能及时获得会展项目或企业危机的先兆信息，有效地采取措施，趋利避害。同时要重点搜集和分析能灵敏、准确地反映会展项目和企业运营的经营和财务信息，以便能及时识别、评价会展项目经营中的薄弱环节，观察、捕捉到会展危机出现前的征兆性信息，及早进行必要的防范。

（三）会展风险管理和危机预测

科学预测是危机管理的前提，会展危机预警系统应该准确及时地预测企业所面临的类型与发展的趋势，为会展管理企业进行危机管理提供科学依据。为此，会展预警系统还要能对于会展企业经营方面的风险进行识别、分析和评估，此项功能称为风险管理。

1. 风险管理的含义

通俗地说，风险就是发生不幸事件的概率，对于企业而言，风险就是因各种无法预料的不确定因素的影响，而使企业蒙受损失的可能性。

人们在一切社会经济活动中，面临着种种风险。从总体上看，风险是一种客观存在，是不可避免的，而且，在一定的条件下还有某些规律性。因此，人们只能把风险缩减到最小的程度，而不可能将其完全消除。这就要求人们主动地认识风险，积极管理风险，有效地控制风险，把风险减至最低的程度，以保证各项社会经济活动的正常运行。

所谓风险管理，就是指企业对风险进行识别、分析、评估，并在此基础上有效地处理风险，以最低成本实现最大安全保障的科学方法，是人们对潜在的、意外的损失进行识别、评估、预防和控制的过程。

风险管理与危机管理既有联系，又有区别。它们都是动态的管理过程，都蕴含着威胁和机遇的不确定性。但风险仅仅是一种发生危机事件的可能性，风险不等于危机。风险如不能被预测、识别到，或不能抵御规避，则风险变为现实，演变为危机。危机管理失败，将使危机扩大而演化为灾难。这是它们的内在联系。在会展项目运行过程中，成功的风险管理可以防止和减少项目中的潜在危机，它是处理危机的有效处方。风险管理是危机管理的一部分。

2. 会展风险的类型

按来源分，可将会展风险分为：

（1）社会环境风险。如国家宏观经济政策调整、亚洲金融风暴、“非典”、禽流感、“9·11”事件、伊拉克战争等社会、经济、自然、政治、军事、文化等方面难以预料的变化。如我国部分企业在参加美国芝加哥举办的某展览会时，台湾参展商突然挂出所谓“国旗”，我方立即与展会主办方抗议与协商，在协商不成的情况下，内地全体参展商愤然退出，维护了国家的尊严，但同时也承受了经济损失。又如，2004 年温州鞋遭遇的西班牙埃尔切烧鞋事件，虽然最后西班牙埃尔切市鞋业协会、温州市鞋革协会与康奈签署的“和谐共赢”宣言，达成了不定期安排企业互访、参加对方的鞋革展览会、调整产品结构实现差异化经营等协议，但亦折射出我国企业出国参展的难度和风险正在增大。

（2）竞争风险。竞争对手力量对比的变化将使有竞争优势的企业得以发展，无竞争优势的企业被淘汰，从而带来市场竞争格局的风险。根据我国国情，会展行业发展还远未成熟，不规范的竞争行为经常可见，更增加了此类风险。如在我国会展界侵犯知识产权、克隆展会主题、价格恶性竞争、盗窃客户资源情报等不规范竞争现象至今还屡见不鲜。特别是竞相压价、相互诋毁等恶性竞争行为将破坏整个会展产业有序的竞争环境，最终使相互竞争的会展企业两败俱伤。

（3）营销风险。由于企业制定并实施的会展营销策略与营销环境（包括微观环境和宏观环境）的发展变化不协调，从而导致营销策略难以顺利实施、目标市场缩小或消失、会展产品难以顺利售出、盈利目标无法实现。营销风险来自环境的变化，重点集中于市场的变化，主要表现在两个方面：一是消费需求的变化，二是竞争对手力量的变化。消费需求变化导致市场上企业现有会展产品滞销，从而给企业带来目标市场选择风险。如在 20 世纪 90 年代中期红火的电脑展，到 90 年代后期却一蹶不振，从而导致展会亏损。

（4）人事风险。一种是主管部门或合作单位人事变动带来的风险。如政府主管机构或合作伙伴负责人的变动，会导致原先长期培养起来的良好的合作关系化为乌有，这些新负责人可能更愿意将项目委托给他所信任的别的公司。内部管理人员的突然离职是另一种人事风险，一般主动离职的常是企业的业务骨干，企业间人才跳槽现象频频出现，这不仅会引起人力资源危机，还存在极大的会展客户资源等商业机密泄露的风险。

（5）管理风险。如大型展会中的安全问题（包括人员安全、展品设施安全）、展览会展品运输的问题、展会场馆的设备运行问题、会议中重要人物的与会问题、交通问题，都存在诸多不确定因素，稍有不慎，就可能引发危机。1997 年上海某展览公司参加古巴贸易展览会，由于联系环节较多，有些问题没有搞清楚，因而惹出不小的麻烦。展览在古巴圣地亚哥市举行，他们就把展品直接托运到该市。但他们不知道世界有三个叫“圣地亚哥”的地方，美国、智利、古巴都有。结果集装箱从香港运输时，没有写清楚是古巴的圣地亚哥，搞营销的人也疏忽了，集装箱运到了智利。结果，离展会开幕只有10天了，展品还未运到，最后好不容易查清情况，采取紧急措施，也还是耽误了时间。

（6）财务风险。会展项目运作的一大特点是筹备周期长，需要大量的人力、物力和财力进行前期投入。会展项目的另一特点是对外界因素敏感。在这段较长的筹备期间易发生意外变故，如国际国内的政治、经济形势与政策、自然灾害、行业情况、项目营销情况、参展商和合作伙伴的诚信等都会影响到财务收入，而一旦该会展项目因某种原因不得不停办或延期，则很可能使企业资金链断裂，立刻陷入财务危机。

3. 会展风险的识别和分析

（1）会展风险的识别

识别风险的方法一般有头脑风暴法和情景分析法。

头脑风暴法：即由会展项目相关人员共同参与，自由地尽可能地列举出可能的风险，再进行分类和整理，得出会展项目（或企业）风险列表。

情景分析法：是根据会展项目进行的各种因素，包括内在的和外在的因素，根据一定的规则和项目管理者及经验，推想出该会展项目可能会遇到的风险，从而得出会展项目（或企业）风险列表。

其他还有德尔菲法等，一般通过统计分析和计算机的应用来实现。

会展项目（或企业）的有些风险是可以通过情景分析法得到的，如有关营销风险、财务风险、竞争风险、管理风险、安全风险等，但也有很多是难以预料的，如关键岗位人员跳槽、客户数据库等商业机密泄露等，很难通过情景分析得到，因此必须结合头脑风暴法，并且在进行风险识别时一定要请会展项目相关部门人员参与。

（2）会展风险的分析与评价

会展风险分析就是通过对已掌握的一些风险信息进行分析和预测，判断可能发生的危机种类，这个过程通常称为风险分析。视具体分析的不同，可采取指标法、类比法等多种定性和定量的分析方法。一般来说，进行会展风险分析时，需要了解会展行业常规性的会展事件，会展行业的属性（展览、会议、场馆、设计搭建、运输等），企业历史上遭遇过什么危机，行业内或类似的企业发生过任何危机等，根据历史上危机的征兆建立风险分析的指标体系，或者进行类比。

就具体的会展项目而言，可能引起危机的环节，如会展项目定位、市场环境、营销策略、财务状况、人员及设施故障等，都需要一一加以梳理分析，从而准确地预测会展企业或项目所面临的各种风险和机遇。

4. 会展风险的评估

最后，对已经确认的每种风险，根据威胁的大小程度及发生的概率进行评估，建立各种风险管理的优先次序，以有限的资源、时间和资金来防范或规避最严重的一种或几种风险，并制订相应的会展危机预处理方案，以确保危机到来时，能够处于主动地位。这种方式通常称为风险评估。

风险的应对策略不外乎以下几种：规避风险、转移风险、接受风险、减少风险等。

（1）规避风险

是指当会展项目风险可能引发潜在危机的可能性极大，并会带来严重的后果，且无法转移时，通过部分地改变项目或者放弃项目来规避风险。部分改变项目是指通过修改项目目标、项目范围、项目计划等方式来回避风险的威胁。例如，对于很可能不守信用的服务商或资质不够的会展搭建商，拒绝与其进行业务往来。

放弃项目即指放弃不确定性很大、可能明显导致亏损的会展项目，如新涉足且又不够熟悉的行业或处于行业衰退期的展会。这种方法的优点是彻底根除风险，其缺陷是在回避风险的同时放弃了某种经济利益。

（2）转移风险

即将会展风险或潜在的损失与后果由其他组织或个人承担，在会展项目经营管理中，常用的方法有购买保险、业务分包、租赁经营、免除责任的协议等，也可用合作、合资的方法举办会展，虽然企业也会为此付出一定代价，但若发生重大事故，可以转移若干损失，使企业免遭没顶之灾。

转移风险的作用以频繁发生失窃风险的珠宝展为例。例如，2004 年 11 月 12 日上午，参加 2004 年中国国际珠宝展的采滢庄珍珠有限公司珠宝商向警方报案称，他们丢失了 16 颗塔希提黑珍珠，价值约 8 万元。本来，按照国际保险管理，像这样的展览一定要办理商业保险，但据了解，采滢庄珍珠有限公司此次丢失的 16 颗珍珠并没有上保险。在参加该展览会的数十家参展商中，只有一些国际和港台珠宝公司对所有展品投保，而内地参展商则大多未投保。事实上，很多内地参展商很难接受投保的参展成本，结果只能由自己承担全部的风险。一旦参展珠宝失窃，则损失更为惨重。

内地也有因购买保险而成功转移风险的会展企业，如中国国际贸易中心展览部坚持缴了十几年的利润损失险，结果在“非典”侵袭时，该企业就顶住了危机，大大减少了经济损失。

（3）接受风险

对于会展项目管理的经营者来说，有些风险是无法回避、无法转移或无法全部转移的。例如，由上级政府部门指定承办的大型展览或国际会议，关系到地方政府或国家的经济、政治利益和声誉，典型的如广交会、华交会、APEC 会议，博鳌亚洲论坛等；还有一些是若回避或转移会带来经济损失的风险，如有些大型全国性经济论坛会议项目，聚焦社会紧急热点问题，前景广阔，利润空间大。将这些项目接受下来是明智的选择，其主要工作是如何减少损失，以及将有可能引发危机的风险向有利的方向转化。

（4）减少风险

减少风险主要有两方面意思：一是控制风险因素，减少风险的发生：二是降低风险发生的概率和降低风险损害程度。较少风险的一般方法有：充分进行调研和准确的预测，准备多个项目实施方案进行优选，及时与政府部门沟通获取政策信息等。另外，还需要针对不同类型的风险采取不同的方法，例如，对于财务风险，可由财务上预先做出安排，提前预留各种风险准备金，以消除财务危机发生所造成的资金周转困难。

三、建立危机预控系统

建立危机预控的目的就是事先对可能发生的潜在危机预先研究讨论，制订出应变的行动计划。有效的危机处理预案应建立在危机预警的基础上，确定各类会展危机处理的优先级别，以及相应的处理方法与程序，成立危机管理小组，进行人员培训和危机处理模拟训练等。

（一）组建“虚拟的”危机管理小组

组建专门的机构是应对危机事件的关键。组织化程度的高低，决定整合资源的能力，最终决定了危机事件造成的影响。这种机构平时并不经常活动，只是定期召开会议，因而被称为“虚拟的”机构，其主要任务是：考察企业或会展项目的内部环境和外部环境，预测企业变化趋势，分析可能出现的危机，制订相应的危机预防方案和危机处理预案。机构成员应由本企业市场调研、营销、项目管理、财务、人力资源等部门的会展管理人员和专业人员兼任，其负责人应是企业或项目的主要负责人，或在企业内有影响力、号召力的人物。机构人数并不需要很多，六七名或三四名均可，视企业或会展项目团队情况而定，故常称“小组”。小组成员应具有较好的心理素质和较强的分析、判断、决策和沟通能力，能在危机到来时，处变不惊，统揽全局，决策迅速果断，办事严谨细致，从而有效地化解危机。

（二）制定危机预案

危机预案即危机应急处理计划。因为危机属于非常态事件，企业组织不能只依靠现有的常规与制度来应付，必须事先来拟订危机事件的处理程序与应对计划；又因为危机的发生具有突发性和紧迫性的特点，为了保证危机应急决策和措施的正确性，应事先制订科学而周密的危机应变措施和计划，避免因一项危机事件处置不当，引发其他危机的连锁反应。

危机预案应具体、明确，且具有针对性，突出重点。

预案包含的内容很多，包括分析各类会展危机的特点、表现，提出应采取的措施和所需资源；包括人员组织和协调、岗位职责、工作流程，及相关人员资料、对外联络的名单及资料；包括危机的预防，危机处理步骤、危机沟通或公关的策略和行动计划、财务及法律事宜、危机事件记录要求等。总之，从人员到组织，从沟通到具体操作，都要尽可能详细说明。

要制订完整而实用的危机预案，关键是要对潜在危机进行系统分析、罗列与分类。这是因为会展项目环节多，是一个复杂的系统工程，有些是多发、易发生的危机，如品牌、营销、人力资源、财务等经营危机、法律危机、某些突发事件危机等，具有行业特点，在制订危机预案时，应当将其作为重点，制订详细的预防和应对计划，对于发生可能性较小、危害程度较轻或难以预见的危机事件，则可以制订较为简略的处理预案。

对于各种可能的、危害性较大的危机除了具有处理方案外，对于各种类型的危机处理预案又应分为几种处理方案，分别说明其利弊得失，以便在危机发生时能迅速做出抉择。其中。一个有效的方法就是制定危机管理手册，将危机管理的指导思想、组织机构与职责分工、计划、制度，危机的类型与识别，危机处理的原则、方法、程序、措施等尽列入其内。

为何要强调会展危机预案的实用性？因为在我国会展活动的历史上就有过血的教训。2004 年 2 月 5 日晚，北京市密云县密虹公园举办的密云县第二届迎春灯展，因一游人在公园桥上跌倒，引起身后游人拥挤，造成踩死挤伤游人特大恶性事故，37 人死亡，15 人受伤。据悉，密云县灯会前有关部门也制订了“突发性危机事件应急预案”，相关部门还多次召开会议进行专题研究部署，可谓“非常重视”。然而，在事故发生时该“应急预案”却被束之高阁，根本未起到“应急”作用。经查，导致事故发生的直接原因是：灯展安全保卫方案没有落实，负责保卫的值勤人员没有到岗，现场缺乏对人流的疏导控制。所谓“应急预案”成了一纸空文，其教训是极为深刻的。

建立危机管理的资源保障体系是会展危机预案的重要内容。会展企业应建立起全面的资源保障体系，如突发事件引起的财务危机的应对措施、客户数据库或其他重要信息的安全和泄密补救措施、关键岗位的人才储备机制等。

（三）开展人员培训，进行危机管理的模拟训练

有针对性地开展人员培训、提高管理层和员工应对危机事件的能力，这一点至关重要。

危机管理培训内容包括危机管理意识、相关知识（如危机管理手册的讲解，危机处理原则、策略或方法，危机预案的内容等）、心理承受能力、各种应急处理方式等。

危机管理并非是企业最高管理层或某些职能部门如公关部门的事情，而应成为每个职能部门和每位员工共同面临的课题。在最高管理层具备危机意识的基础上，企业要善于将这种危机意识向所有员工灌输，使每位员工都具备居安思危的思想，提高员工对危机发生的警惕性，使危机管理能够落实到每位员工的实际行动中，做到防微杜渐、临危不乱。

培训形式应灵活多样，讲究实效，可采用讲授、小组讨论、实战模拟演练等方式，而且要因人而异。例如，会展营销和公关人员，需要重点进行危机沟通能力的培训，因为他们需要在危机处理期间回应客户与媒体的询问和采访。

其中，模拟训练可以培养员工在危机情景下处理问题的实际能力。例如，公关人员可以演练在会展危机爆发后，如何应付媒体记者的采访，如何答复各种猜测、指责与问

题，如何掌控负面新闻所造成的被动局面，以及发言人的语言措辞、态度以及主要信息的沟通等。此外，实战演练中还有可能发现原定危机预案中的不周全之处，从而有利于改进与完善危机处理预案。

通过培训，可以使参训人员增强心理素质，了解危机处理的整体方案和本人所担负的具体责任，掌握必须具备的知识与技能，增强危机处理的基本功，以使他们在危机发生时“临危不乱”，从容应对。

（四）将危机预防措施落实到岗位，防患于未然

通过培训和模拟训练，也有助于将危机防范措施落实到岗位。要根据不同的工作岗位，制定相应的防危规章制度或操作规则，通过短期培训、专题讲座、实际工作养成等途径，使每个岗位的人员都能按“游戏规则”运行，规避危机风险出现。

就展览会展位搭建的现场管理环节来说，由于中国很多展会组织方并没有对参展商的展位，尤其是特装展位做细化管理规定，参展商之间围板互用、相互给对方造成恶劣影响的事件屡见不鲜。还有的参展商为了节省成本，使用一些不合格的材料，甚至引起安全事故。虽然可能责任在搭建商，但作为展会组织方，至少也有监管不力的责任，会影响会展相关各方的声誉和利益。

因此，就展览会安全问题而言，有经验的展会组织者一般采取以下安全防范措施：

1. 展览会召开前，与当地公安、消防及医疗部门联系，告知展览会召开时间及其他相关情况，以便发生突发事件后能及时得到相关部门的协助。

2. 聘请有经验的专业医生在展览会现场建立医务室，并备足常见及抢救药品和医疗器械。

3. 聘请公安和消防部门人员在现场协助组委会做好安全及消防等相关工作，人们在参观展会时常会看到展会为公安、消防等人员专门设置的办公室。

4. 在展馆展位搭建结束后，组委会人员亲自检查展位搭建情况，其中包括：确保防火通道机安全出口通畅，保证展位间所有通道达到必要宽度，保证所有消防器械周围无杂物阻挡，并检查所有消防器械，保证都能够正常使用。

5. 使所有人员都熟悉展馆所有防火通道和安全出口的位置以及所有消防器械的位置。前提条件是，组委会所有工作人员在平时就进行了防火知识的学习，保证都能熟练使用各种消防器械。

6. 在参展商布展结束后，全面而细致的清理展馆地面，尤其注意清理地面由于布展、特装等遗留的水渍、油渍以及其他可能给参观者带来人员伤害的物品。

任务三　会展项目危机应对

这是危机管理的事中及事后阶段。在危机事中管理阶段，危机已经冲破各道预防防线而爆发。此时，会展企业应在最短的时间内扭转被动局面，为此，必须迅速、准确地

识别危机，快速建立和运转危机处理组织机构，制定危机处理策略，实施危机处理方案。

在危机事后管理阶段，一方面应采取措施消除危机给会展项目和企业带来的消极影响，另一方面，需对危机管理的经验教训进行认真、系统的总结与评价，提出改进措施，从而把“危（险）”变成“机（会）”，促进会展项目和企业的健康发展。

一、会展危机处理的一般步骤

（一）建立和健全会展危机管理机构，做好危机处理工作

在危机预防阶段建立的“虚拟”危机管理小组在得到充分授权的前提下，可以立即转变为专门的危机管理机构，代表企业走到危机处理的第一线，行使危机管理职能，确定危机处理策略，制订处理方案，采取各种危机处理措施。对规模较小的会展企业来说，危机管理小组成员不可能全为专职，但必须至少有4~5人把主要精力投入会展危机处理事务中。危机管理小组的规模也和危机的严重程度有关。

危机管理小组主要是来自本企业与危机处理相关的各个部门，这些人员对企业及该会展项目比较了解，处理危机时能快速进入角色，但有时也需要聘请若干对会展危机处理具有专门知识和经验的外部人员，如熟悉会展法律法规的律师。如上海新国际博览中心就聘有常年会展法律顾问，为许多展览会处理知识产权等法律纠纷，从而将一些会展危机消弭在萌芽状态，收到了很好的效果。

危机管理小组中，应包括决策、信息管理、公共关系、组织实施等几个职能部门。其中，决策部门的人员则承担着会展危机的主要管理者，负责制订会展危机的所有策略和计划；信息部门的人员则承担着会展危机信息的搜集、分类、整理、评估和记录等任务；公共关系部门人员专门负责与公众和媒体进行沟通，包括为媒体提供例行的信息发布；组织实施部门人员的主要任务是将决策部分指定的策略计划贯彻执行，进行会展危机的现场管理。

建立会展危机管理小组的目的是将企业进行危机处理的各项具体任务集中在专门的部门内，并通过一定的组织结构将其与各部门联合起来，以达到对会展危机快速高效的反应与处理。因此，会展危机管理小组应独立于其他部门，并由企业最高领导主管。此外，危机管理小组及与其他部门联系的组织结构，层次应尽可能少些，尽量简单灵活。

（二）识别和调查危机

1. 危机识别和实况调查

会展突发事件或事故发生以后，会展企业危机管理的负责人，或者会展危机管理小组有关人员应于第一时间抵达现场，首先要掌握显露出来的全部情况，包括事件发生的时间、地点、事件的经过、直接后果、当事人的反应等，据此判断该事件或事故是否属

于危机事件，是否需要启动危机处理程序。

确认不同类型的会展危机，需要不同的危机指标。比如，某珠宝展曾发生参展商声称成交量太少，联合起来向展览会主旨方提出抗议，并要求赔偿的事件，此时可认为发生了会展经营危机。而后，当媒体将此问题加以报道，甚至冠以“骗展”的罪名，公众议论纷纷之时，则可认为该会展项目和企业同时遭到“信誉危机”或“品牌危机”。

2. **危机根源调查**

此类调查目的是要找出危机产生的根源。例如，上述参展商的聚众抗议，可能是由于招商工作不理想造成的，也可能是由于招商时承诺太多，使参展商期望过高所致，甚至可能是因为现场服务欠缺，加上竞争对手暗中煽动的缘故等。

通过对危机的调查，可以确认预想的危机是否是真的危机，也可以明确危机的性质、发生领域或根源，以便管理者有的放矢，把精力和资源用在最需要的地方。

（三）制定危机处理策略

当企业面临危机事件时，不同的处理策略及相应的处理措施计划会给企业带来截然不同的后果。成功的处理可能减轻或消除危机事件给企业带来的损失，还可能使这次危机成为企业成长的好时机。

如果危机预控阶段的准备工作充分，危机类型在预测范围之内，危机处理策略可以主要根据危机预案制订；如在预测范围之外，则需要根据该危机的具体情况与类型制定处理策略。一般而言，会展危机的处理策略大致有以下几种：

1. **危机终止策略**

如危机产生的根源在于本企业的内部管理或者其他可以控制的情形，则应立即实施危机终止策略，把大事化小，防止危机的进一步扩散。如某年“华交会（中国华东进出口商品交易会）”上，一块展示板突然坠落，恰巧砸在一位外籍观众的头上，很明显，这是一个安全事故。展会组织方立即安抚受伤观众，同时进行事故原因调查，很快查清：此系江苏省某参展商的责任，是他们聘请的参展商在展台搭建中用料不当。在组织方的协调下，该参展商给予伤者赔偿，很快平息了此事，对国内外知名的“华交会”的品牌声誉基本没有负面影响。

2. **危机隔离策略**

由于会展行业易受媒体与公众关注的特点，会展危机一旦爆发，经常会从一个方面向其他领域蔓延，造成更多的运行环节失常，从而引起更大的危机。因此，应该及时对爆发的会展危机进行隔离，防止事态蔓延。

对于会展信息的隔离主要有信息隔离、人员隔离和事故隔离。

信息隔离主要是把危机事件中对企业或会展项目形象不利，或阻碍危机处理的不利信息，从企业内部与公众隔离开来。许多惨痛的危机事件已经证明，由于危机信息的泛滥所带来的危机比危机事件本身更可怕。三株公司的领导层绝对没有预料到一个小小的

“常德事件”竟会把资产高达十几亿元的巨型企业拖垮。

人员隔离主要是把涉及危机事件的人员职责和权利进行隔离，领导层和员工中哪些主要处理危机事件，哪些坚守原工作岗位、维持日常工作。人员隔离可以避免员工因为职责不清而干扰危机处理，如企业员工随意发表不负责任的言论，造成不良社会影响；也可以避免由于危机处理而影响会展项目或企业的正常运转。

事故隔离即对引发危机的事故本身进行隔离。如在某展会中部分参展商与组织方在管理现场发生纠纷时，危机处理小组应先请他们离开现场，到办公室争论，以维持整个展览会的正常进行。

3. **危机消除策略**

危机消除策略是需要会展危机管理小组根据既定的危机处理措施，对症下药，迅速有效地消除危机带来的负面影响。要善于利用正面材料，冲淡危机的负面影响，如通过新闻界传达企业对危机后果的关切、采取的措施等。

2003 年上海汽车展就是危机消除策略成功应用的例子。

2003 年 4 月 20 日至 4 月 24 日在上海新国际博览中心隆重举行的“第十三届上海国际汽车工业展览会”吸引了来自 23 个国家和地区的 730 家厂商参展，展出面积 81000 平方米，观众达到 15 万人次，中外媒体 576 家，记者 3000 多名。海内外媒体对上海车展投入了极大的热情，参与报道的记者人数之多、范围之广、关注度之高创下历届之最。车展主办方——上海国际展览公司（以下简称国展）。在“非典”疫情压力之下开始了一场没有硝烟的战争。根据市政府防治“非典”的有关精神，主办单位专门设立了防范工作领导小组，在浦东卫生疾病预防控制中心的指导下，展览会期间采取了大量预防措施，如在现场设立医学观察站、加强展馆通风及消毒、控制观众流量、减少大型活动等。但是，鉴于“非典”疫情的严峻，为了确保人民群众生命安全，上海市政府和外经贸委还是决定将本次车展展期由 8 天缩短至 5 天。市政府决定将车展提前至 4 月 24 日闭幕，即日起开始退票。对于普通观众来讲，没能亲眼看车是一种遗憾，而对于有意打造国内最大规模车展，在软硬件方面力争做成典范的主办方，和那些耗费人力、财力、物力，劳师动众前来参观的国内厂商来讲，提前三天撤展带来的经济损失无疑是巨大的。如果单纯以“不可抗力”来作为理由，即使勉强说得过去，但不能平息参展商和观众的不满，对展会品牌和组织方国展公司的信誉必定是一场危机。因此，国展领导层采取了一系列的危机消解措施，例如，对参展商做好耐心细致的解释工作，并请上海市政府有关领导会见参展的国际大公司代表；通过报纸、广播、电视、网络等众多媒体进行了广泛宣传与解释；承诺参展商在参加下届汽车展时给予展位收费的优惠；对于观众，实行全额退票和赠送展会光盘，对于远道而来的观众，还予以报销差旅费；等等。这些措施终于取得参展商和观众的理解与谅解，最终使得本次车展品牌不致受到影响，同时为国际展览公司赢得了声誉。

4. 危机利用策略

这是变“危机”为“转机”的一个重要环节，更能显示管理的危机处理艺术，处理得当，就会收到坏事变为好事的效果。越是在危机时刻，越能昭示出一个优秀企业的整体素质和综合实力。只要采取诚实、坦率、负责的态度，就有可能将危机化为生机。

常州灵通展览用品有限公司2005年在美国拉斯维加斯的一个展览会上，突然被原合作方以侵犯知识产权为由告上美国法庭，灵通公司展台由此被封。这一突发事件让身在国内的公司董事长刘建平面临两难的选择：如果像以往大多数中国企业一样选择临阵退缩，不光是美国市场必然丢失，以后在欧洲、日本乃至全世界的市场都岌岌可危；如果积极应诉，美国的官司费用高昂得令人咋舌，常常是打赢了官司却赔了钱，如坚持展出，又打输了官司，则高达70余万美元的保证金就收不回来了，更可能危及企业的生存。面对巨大的风险，刘建平经过慎重考虑，决定应诉。他说：“国外公司凭借他们的财大气粗到处利用知识产权壁垒打压中国企业，阻止中国企业进入国际市场。我们要有不屈不挠的打拼精神，与国外企业打一次知识产权保卫战，更何况我们没有侵犯他们的知识产权，为了维护我们的正当权益，官司一定要打，就算公司倒闭了也要打!”当时，原合作方告灵通公司侵犯了他们1992年的产品专利，而刘建平找出了自己1987年在国内申请的专利，反告对方专利无效。他的这一重拳回击出乎所有人的意料，对方开始妥协了，步步为营的刘建平先后三次拒绝了对方不近情理的调解请求。最终，这场官司以原告方主动撤诉、灵通公司不赔1分钱而告终。虽然打这场官司灵通公司付出花费10万美元的巨大代价，但大大扩展了灵通公司品牌在世界上的影响，使中国展览展示器材迅速打开了海外市场，从此攻城略地，硕果累累，仅灵通公司2005年创汇就达500多万美元。一场令许多企业视为畏途的法律危机，不但被灵通公司化险为夷，而且使其转化为企业打开海外市场的契机。

二、危机处理计划及实施要点

如果危机预控阶段的准备工作充分，危机类型在预测范围之内，危机处理计划可以主要根据危机预案制订；如果在预测范围之外，则需要根据该危机的具体情况与类型制订处理计划。在危机处理计划的实施中，有几个重要环节一定要把握住。

（一）积极调查，争取主动

会展危机发生后，会展危机管理人员要正视危机，积极主动地采取措施，查清事实，不断监测情况的发生和变化，并根据变化迅速调整危机处理计划，调动人力、财力、设备等资源，尽可能在最短的时间内控制局势的发展，而不应回避或被动应付危机，更不应该在危机发生后，先急于追究责任，或者向公众辩解自身行为，以免造成人心涣散和公众反感。

（二）迅速反应，果断行动

危机处理的目的在于，尽最大可能努力控制事态的恶化和蔓延，把因危机造成的有形和无形的损失降低到最低限度，并在最短时间内重塑或挽回企业的良好形象和声誉。因而会展危机一旦发生，危机管理小组就应迅速反应，立即启用危机处理计划，调动小组及其他相关人员，投入紧张的危机处理与善后工作中去。在危机处理工作中，赢得时间就等于赢得了企业（或会展品牌）的形象与公众的信任。

当然也不能照本宣科，由于会展危机的产生具有突变性与紧迫性，任何防范措施都无法做到万无一失，因此应针对具体问题，随时修正和充实危机处理对策。

（三）协调合作，抓住重点

会展危机发生后，危机管理小组应提高危机透明度，向全体员工说明危机处理的决定与措施，动员全体员工关注和参与危机的处理。要求各方面服从统一指挥，有序进行，分工负责，协调合作，任何无序进行的行为都只会造成更大的混乱。

协同合作，全员动员不等于平均使用力量。在危机情景下，资源是紧缺的，时间是紧迫的，任何贻误都可能引发更大的危机损失。因此，危机处理时应该分清主次，首先找到危机产生的主要根源，对其采取有效措施进行隔离和消除，这样，危机处理才真实有效。

三、会展危机公关

（一）危机公关的含义和作用

危机公关是危机公共关系的简称。危机公关关系是组织机构出现具有重大不利影响的危机事件。组织领导人员和公关人员为缓解事态、消除危机而应立即展开公共关系工作。它是现代企业必备的应变意识能力。它准备处理的是发生危机事件时的传播问题，其目的是通过公关的手段使危机的负面影响降到最低限度，并进而使组织摆脱危机，重新树立良好的信誉和形象。会展管理者可以充分借鉴这一策略来应对困境，迎接挑战，突破重围，走出危机。

公关的本质在于控制社会舆论，使社会舆论朝着有利于企业（品牌）形象的方向发展，制造宣传效果，抑或帮助企业（品牌）化解突如其来的信誉、市场等危机，稳定市场。

公关在传播中的功能体现在以下两个方面：第一，提供反馈信息，预测公众舆论。第二，制订计划影响和引导社会舆论。

（二）会展危机公关的作用和对象

会展危机不但具有突发性，更具有扩散性，会展企业尤其是知名企业和品牌展会，由于时刻被顾客、竞争对手、商业合作伙伴、政府监管部门、媒介等各层面关注，若危机事件处理不当，极易引起轩然大波。当会展品牌遇到突如其来的信誉等危机时，危机公关在化解市场危机、恢复品牌形象、稳定会展市场等方面，具有广告等其他传播形式不可比拟的作用，这在实践中已经得到了验证。

会展危机公关的对象是参展商、观众（或会议、活动的参加者）、赞助商、政府机构等。其中，针对媒体的危机公关影响最大，也最需要谨慎处理，媒体也就成为危机重点关注的对象。

（三）会展危机公关的原则

公共关系学理论强调，信息沟通是危机管理的核心。英国危机管理专家里杰斯特曾提出著名的危机沟通“3个T”原则：第一，以我为主提供情况（Tell you owntake）。第二，提供全部情况（Tell it all）。第三，尽快提供情况（Tell it fast）。

“以我为主”就是要以企业为第一信息发布来源，争取正确的舆论导向。危机发生后，一般而言，利益相关者和媒体都会急于知道危机发生的原因、过程和可能的结果，把危机事件当成自己报道的热点，而公众了解危机的主要渠道往往就是新闻媒体。因此，会展企业应在危机第一时间及时主动地向媒体提供有关危机的最新而准确的消息，谎言就会不攻而破，才能掌握信息沟通的主动权，争取舆论导向。

“提供全部情况”就是要真实地报道危机真相。诚信是危机公关的绝对前提。以诚相待才能使企业取信于客户和广大民众，转危为安。通常情况下，任何危机的发生都会使公众产生种种猜测。怀疑甚至恐慌，而企业越是隐瞒真相越会引起更大的怀疑，只有做到真诚坦率，才能显示出将公众的利益放在首位的负责的企业形象。

“尽快提供情况”就是要在第一时间很快提供情况，才能先声夺人，先入为主，而不至于出现不良信息到处流传时再被动辟谣的窘况。

（四）会展危机公关的要点

1. 要进行双向沟通

会展企业在发出信息的同时，也要不断地接受反馈信息，这样才能更有针对性地进行有效沟通。所以应以座谈会、电话咨询、网络通信等方式及时听取客户、公众和媒体的意见和建议，了解他们态度和情绪的变化。企业也应与公正、权威的机构进行公开的合作，如行业协会等，利用这些组织的影响，弥补企业的公信力和形象。

2. 要强化媒体管理，正确发挥大众传媒的作用

对于任何一个组织来说，媒体都是一把双刃剑，一方面，媒体可以帮助企业传递信息、提高企业或会展品牌的形象，为会展企业提供社会支持，甚至为企业提供“外脑”以帮助决策；另一方面，媒体可能妨碍企业的正常运转、散布对组织不利的信息，从而使企业陷入危机之中。因而企业要主动与媒体联系，为媒体提供有价值的新

闻，使媒体对组织的情况和价值观有较为准确和全面的认识，进而建立企业与媒体之间的信任关系。

同时，会展企业在危机中要控制媒体的活动范围，因为媒体无限制地对危机管理者和危机当事者进行采访，会使管理者没有充分的休息和恢复时间；另外，若对媒体的活动范围不加以限制，媒体就有可能获得大量企业不愿向外界传递的信息，这些信息的公开会导致危机的扩大和危机的难以控制，使危机管理工作更加被动。

一般情况下，企业出现了危机，不仅外部的人关注，内部员工也非常关注，但是由于信息不对称，并不是每一个人都对危机的真相、危机处理措施等非常了解。这就需要统一口径，避免谣言、传言满天飞。目前常用的方法是指定一个企业危机公关的负责人作为唯一的新闻发言人，专门负责与外部沟通，来负责回答媒介和舆论的各种疑问。新闻发言人口齿要伶俐，头脑要敏捷，信息要充分，语言要果断，要多用数据和事实说话，少说空话，不说假话。可以用召开信息发布会的形式向社会公布危机事件的状况和处理情况。

需要指出的是，危机处理中公关的成功，不但和企业危机处理时采用正确的策略和技巧有关，也和企业与媒体之间的相互信任和理解程度有关。因此，企业有关人员平时就应加强与媒体的沟通和交流，以助于彼此间增进了解，并建立良好的合作关系。

3. 做好危机传播方案

（1）时刻准备在危机发生时将公众的利益放在首位，及时告知公众发生的情况及企业采取的相应措施。

（2）掌握报道的主动权，以组织为第一消息来源，在确切了解事故的真正原因后才对外发布消息，及时召开新闻发布会，以尽可能减轻公众电话询问的压力，如向外界宣布发生了什么危机，公司正采取什么措施来弥补损失等。最好设立专门的新闻办公室，以应付外界打来的电话。

（3）建立广泛的信息来源，特别是要研究媒介和社会舆论对事件的关注点，以便及时准确地做出预测和判断，然后采取针对性措施，将危机事件扩散控制在萌芽阶段。注意与记者和当地的舆论媒介保持良好的关系，要善于利用媒体来控制危机的传播，如果有的报道与事实出入较多的话，应坚决予以回击。

（4）确定媒介需要传播的外部其他重要公众，并确保组织在处理危机时，有一系列的社会负责的行为，以增加社会对组织的信任度。

（5）在危机传播中，要避免使用行话，用简洁明了的语言来说明组织对所发生的事件的关注。

四、会展危机的事后管理

经过一系列危机处理步骤后，危机事态被完全控制，危机事件被解决，并不意味着危机管理任务的结束，只是危机管理进入了事后管理阶段。在此阶段，危机管理的目标和任务是：

（一）对危机进行评估

危机管理小组或企业管理层应在危机结束后成立调查和评估小组，立即对与危机相关的因素进行评估，如发生危机的会展项目或企业组织在哪些环节出现了问题，损失情况如何，以及危机预防措施是否有效，人员是否到位，危机管理小组的决策和策略是否正确；对企业工作进行全面评价，如项目立项是否进行过充分的调研和论证，会展的主题和定位是否合理，营销策略和措施是否有效，信息管理网络运行是否顺畅，现场管理是否严格规范，等等。

（二）加速恢复工作的进行

危机过后，会展企业需要一定的时间来消化危机带来的各种损失，如公司收益减少、危机处理或赔偿支出、企业人心浮动、品牌形象恶化等。可采取的措施有：加强与客户的联系，特别要防止大客户的流失；继续与媒体沟通，向公众传达积极的信息；总结经营教训，找出企业管理或危机管理的薄弱环节，健全规章制度；安排相关在职教育培训，从危机中接受教训，分享经验，并反馈落实到危机事前管理阶段，以增强对危机的免疫能力等。

（三）从危机中发现机遇

在危机事件事后管理阶段，在总结经验教训的基础上，还要善于从危机中发现新的生长点，从而真正把“危”转为“机”。

“非典”期间网上会展的兴起就是一例。我国在2003年以前也有网上会展，不过只限于小型化、专业化的会展。如手机、电话卡、影碟、书籍等，主要是企业的一种推销手段。而且网上人数不多，交易额不大，网页设计水平也不高。作为会展业来讲，网上会展以其低投入、高效益的特点一定会在今后的会展经济中占有越来越多的份额。“非典”的出现使它的优势很快被更多的人认识。

“非典”肆虐期间，会展成为受影响最大的产业之一。一时间，“提前闭展”“延期开展”，甚至“撤销展会”的消息纷纷发布。有些重要的会展即使如期开幕，场面也很难续写往日的辉煌。

在传统会展形式遭遇“非典”危机时，有些企业独具慧眼，从中看到了网上会展的商机。网上购物网站阿里巴巴为主办方在网上开辟了家用电器采购洽谈会，据统计，近200家供应商与买家进行线下交流，取得了良好的商机。一些大型会展纷纷开设电子版，有的甚至全部在网上进行。网页设计也跨上了一个新的台阶，不但设计精美，更新及时，而且普遍增加了许多实用性功能，如网上签约、下单、链接贸易伙伴等。2003年春季广交会也为中外客商提供了一站式的全程贸易服务电子商务交易平台，号称“中国第一展”的广交会首次采取网上洽谈方式，也取得了良好的效果。“非典”危机为这些会展项目和企业带来了“机遇”。

? 思考题

1. 会展危机主要包括哪些类型？其影响主要表现在哪些方面？
2. 会展危机管理的一般过程有哪几个阶段？
3. 如何识别和应对会展风险？怎样建立一个风险预控系统？
4. 会展危机处理的原则和一般步骤是什么？
5. 请寻找一个真实的会展危机案例并对它进行分析和评价。

项目八 会展项目评估

职业能力目标

掌握会展评估概念与内容；了解会展项目评估的必要性；知晓会展项目评估的程序；掌握会展评估的报告撰写要求及应用。

任务导入

中国西部国际博览会发轫于西部大开发，始创于2000年5月，永久会址设在四川省成都市。西博会秉承“共办、共享、共赢”办会理念，由国家发改委、商务部、外交部等16个部委、西部12省（区、市）和新疆生产建设兵团、博鳌亚洲论坛共同主办或支持，是四川省人民政府承办的国家级、国际性综合博览会，现已成功举办15届。经过长期发展，西博会已成为西部地区对外开放的重要窗口和最佳平台，是国家在西部地区重要的投资促进、贸易合作和外交服务平台，是西部地区实现西部合作、东西合作、中外合作的重要载体。2014年，西博会被中国政府纳入国家机制性大型涉外论坛和展会举办方案。2015年3月，西博会被纳入国家“一带一路”战略政府白皮书，成为推动“一带一路”建设的全国十大重点展会之一。

积极服务投资促进，筑基经济发展。围绕服务国家西部大开发，坚持突出西部特色、突出国际化，突出经贸成果、突出投资促进。前15届西博会，共签订投资合作协议1万余个，签约投资额5.22万亿元。

着力深化贸易合作，实现互利共赢。1~15届西博会，累计境外参展参会国家（地区）914个次，展览面积160.4万平方米，参展企业4.68万家，参展参会嘉宾34.4万人次，其中境外嘉宾9.5万人次，贸易成交1.25万亿元。

推动高层外交互动，增进国际交流。李克强、王岐山、汪洋、马凯、吴邦国、温家宝等党和国家领导人，以及30多位外国政要、500多位部长级官员和重要国际组织负责人分别出席前15届西博会。

第十五届西博会于2014年10月23—11月3日在成都举办，展览总面积24万平方米，首次分两段举办。来自76个国家和地区的8981家企业参展，境外企业2951家，美国、德国等14个国家设置国家馆，国务院副总理马凯出席并发表演讲。主宾国为法国。捷克总统米洛什·泽曼等3名外国政要、48位境外部长级官员、53位驻华使节、15位国际组织官员、40余个境外重要嘉宾代表团参会。来自全球98个国家和地区的6万余名嘉宾参会，其中境外嘉宾逾2万人，主展场观众流量逾55万人次。共签约投资项目1067个，投资签约额8050.9亿元。

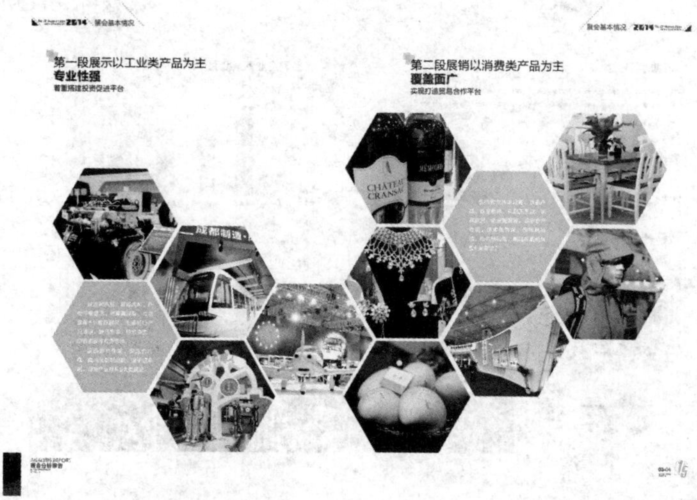
第一段展示以工业类产品为主
专业性强
着重搭建投资促进平台
第二段展销以消费类产品为主
覆盖面广
实现打造贸易合作平台

影响更加广泛，世界聚焦西部
实效更加突出，经贸成果丰硕

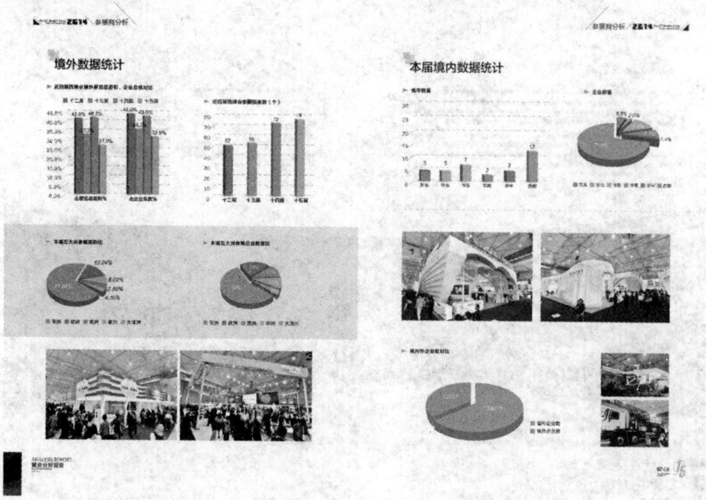
境外数据统计
本届境内数据统计

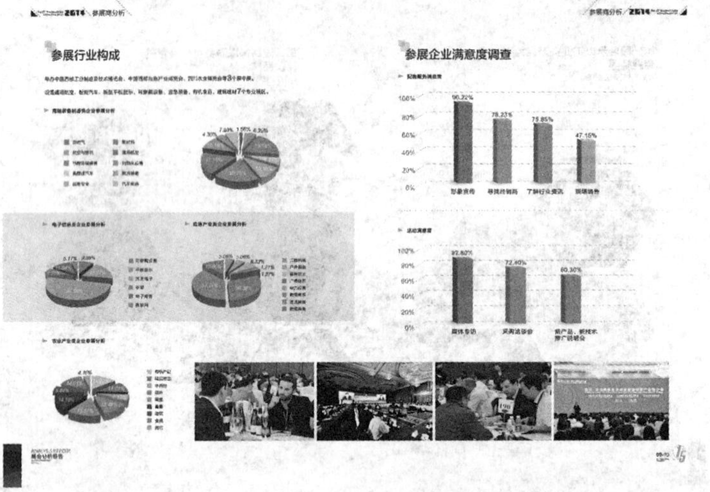
参展行业构成
参展企业满意度调查

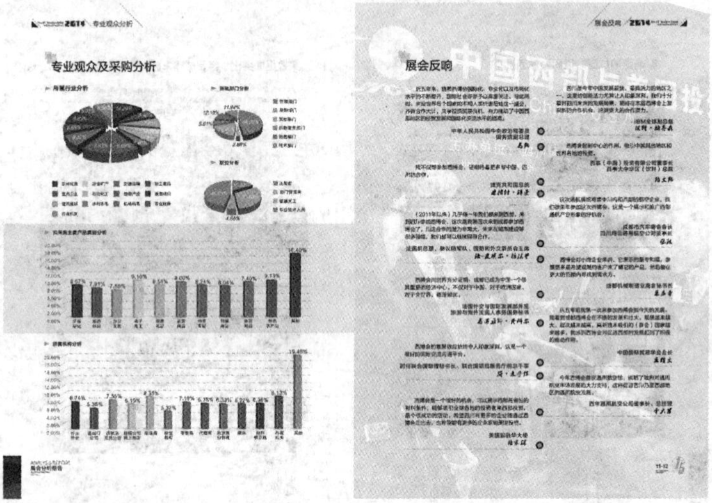
专业观众及采购分析
展会反响

展览配套活动
2014

任务一　认知会展项目评估

一、会展项目评估的基本含义

“评估”就是对一事物或物品进行“评定”和“估价”，以确定其质量、水平、等级和价值等方面的情况。譬如，我们可以对一颗钻石进行评估，从其色泽、重量、质地、纯度等多方面进行评定，从而估算出其市场价格。当然，我们也可以对于一个投资项目进行事先的可行性评估或者事后效果的评估，即评估是指依据某种目标、标准、技术或手段，对收到的信息，按照一定的程序，进行分析、研究，判断其效果和价值的一种活动，也可以说是对某一事物的价值或状态进行定性定量的分析说明和评价的过程。

会展项目评估则是对会展活动的目的、实施过程、展览（会议）环境、工作效果等方面，运用科学合理的技术手段，进行系统、客观、真实、深入的分析和评价，并做出其价值和效果的判断。展开来说，会展项目评估是指对某一展会进行分析与评价，即对一个展会的目的、执行过程、质量、服务、间接的经济效益与社会效益、作用和影响所进行的系统、客观的分析和评价，判断该展览项目是否成功，并分析其原因，总结经验教训，为项目的主办者与承办者提供借鉴，并通过及时有效的信息反馈，为参展商、专业观众乃至一般观众提供参考。

会展项目的评估可以由项目主办方自己进行，目的是主动了解情况，及时发现问题，不断总结提高。有时这种评估由上级主管部门进行，为的是对该会展项目进行考核，以加强管理或决定今后的政策。当然更多情况，乃至作为今后发展方向的还是所谓的“第三方”评估。这里“第三方”指的是买卖双方以外，属于客观公正的其他方面。对于会展项目而言，主办方相当于“卖方”，参展商和观众相当于“买方”，他们都是会展项目利益的直接相关者。作为一个没有直接参展或者参观某展会项目的厂家或观众来说，如果他想听一听对这个会展项目客观、公正的评价，就需要有“第三方”出来“说话”。这样才能算作一种为公众所信任的评价和估计。进而这种评估也才能为其是否下次前来或再来展会提供一种重要的决策依据与参考。

二、会展项目评估的目的

会展评估就是指对一个会展项目的运营状态、实际效果和各方反映等情况进行调查、取证、分析和评价，从而使各会展项目之间或者同一题目的各届会展活动之间能够进行客观的比较，以做出科学的评论。会展评估的目的旨在通过对会展参展面积、参展商数量、观众人数、经济效益等指标的考核，认识会展的质量与效益，从而树立品牌会展，达到规范行业竞争的目的。

具体而言，会展评估的目的包括：对会展项目的整体运作及相关成果做出客观真实的评价，为项目招商招展提供基础数据的支撑；对会展项目历年的相关会展数据进行纵向比较，分析其存在的问题、市场发展趋势及未来的发展对策；结合国内外类似的相关会展活动进行横向对比，分析并借鉴其优势项目；为将来会展项目的品牌建设提供支持；为参展商参展提供数据支持；为会展行业管理机构提供基础数据；为会展场馆的出租方提供背景资料等。

三、会展项目评估的现状

会展评估在世界会展经济发达国家和地区已经相当普遍和成熟，通常是全国性统一的行业机构从事展会的评估、认证工作，对各类数据进行审核认证，定期公布认证结果，为会展业内和其他相关机构提供比较分析，这些国家和地区已经建立起了比较完善的认证评估体系，国际上比较权威的展会评估与认证机构主要有国际展览联盟（UFI）、德国的展览会统计资料自愿审核协会（FKM）、法国的法国数据评估事务所（OJS）等。其中，国际展览联盟（UFI）的评估比较权威，得到业界广泛的认同，“展览王国”德国的展览会统计资料自愿审核协会（FKM）得到普遍运用，适用性较强，也比较公正和客观。

我国的会展评估工作起步晚，研究成果比较少，还处于相当落后的状态，由于一些问题难以解决，至今尚没有形成全国统一、权威的评估标准、体系、机构和模式，北京、上海、温州等地虽然都出台了地方的会展评估文件，但是它们大都缺乏完整、系统的评估体系，缺乏科学的评估手段，主观性倾向比较严重，而且目前大部分展会主办方进行的展览评估都不是由第三方操作的，发布的信息多是自己统计分析，透明度不高，缺乏权威性，这些资料对于参展商和观众来说缺乏参考价值，这就增加了他们参加展览会的风险性。

四、国际上权威的展会认证 UFI

国际展览联盟（Union of International Fairs，简称 UFI），是迄今为止世界展览业最重要的国际性组织。1925 年，UFI 在意大利的米兰成立，最初由欧洲的 20 家展览公司组成。截至 2004 年 8 月，UFI 所拥有的 256 个正式会员来自世界 72 个国家的 155 个城市，获得 UFI 认可的国际性展览会或贸易博览会共有 629 个。此外，UFI 还拥有 40 个协作会员，以各国的全国性会展行业协会为主。如德国的 AUMA 和 FKM、美国的 IAEM、中国的展览馆协会和深圳市会展业协会等。

（一）取得 UFI 认证的条件

取得 UFI 具体申请程序为：准备申请成为 UFI 会员的机构或者展会主办者必须尽早向 UFI 提出申请，UFI 首先备案，如果申请 UFI 将其纳入当年工作日程，那么申请在理论上最迟为前一年的年底前向 UFI 秘书处提交所有正式申请文件。申请被受理后，UFI

下设的指导委员会将委派一名或者多名代表前往展会实地考察、实地核查所提交材料的情况，然后出具审核报告。相关的所有费用由申请人承担。审核报告由指导委员会先行审核，审核通过后向 UFI 大会提交认可提议。UFI 每年会举办一次全体会员大会，其中一项议程即为审核由指导委员会提交的认可提议，如果会员出席或代表出席人数 2/3 多数票支持通过认可提议，则可授予其 UFI 展会认证资格证书。

通过 UFI 认证主要包括几方面：

（1）首先必须获得展览会所在国家有关部门的认可，认可其为国际展会；

（2）直接或间接外国参展商数量不少于总数量的 20%；

（3）直接或间接外国参展商的展出净面积比例不少于总展出净面积的 20%；

（4）外国观众数量不少于总观众数量的 5%；

（5）展会主办者必须可以提供专业的软硬件服务，展场必须是适当的永久性设施；

（6）所有相关申请表格、广告材料及目录必须使用尽可能广泛的外文，包括英语、法语、德语等，英语为佳；

（7）在展会举行期间不允许进行任何非商业性活动；

（8）参展商必须是生产商、独家代理商或者批发商，其他类的商人不允许参展；

（9）严格禁止现场销售展品或者现场买卖；

（10）展会定期举办，展期不超过两周；

（11）申请认可时展会最少定期举办过三届。

（二）我国取得 UFI 认证的展会项目

据不完全统计，1988 年至今，我国已有 60 多个展会通过 UFI 认证，数量位居世界第三。其中，在内地举办的 UFI 认证展会项目达到了 40 个以上，其中包括上海国际汽车工业展览会、北京国际工程机械展览与技术交流会、中国长春国际汽车博览会、中国国际服装服饰博览会、中国国际投资贸易洽谈会、国际医疗仪器设备展览会、中国义乌国际小商品博览会等项目。在我国的出国自办展会项目中，也有多个项目获得 UFI 认证，最早的一个项目是由中国华阳技术贸易（集团）有限公司和上海国际服务贸易（集团）有限公司合办的“中国约旦商品展览会”。我国会展业在国际社会上已经获得一定程度上的认可，有利于加速其国际化进程。

任务二　会展项目评估的内容和程序

一、会展项目评估的程序

进行展后评估可以总结经验，发现问题，是提高办展水平的重要途径之一。进行展会评估可以在确定评估的方法和步骤后设计合理的调查问卷，搜集有关信息，最后通过对有关材料的分析，得出展会效果评价，并对下届展会的举办提出一些好的建议。展会评估是一个有计划、有步骤的动态过程，必须循序渐进。通常，一项展会评估包含以下程序：

（一）确立展会评估目标

展会评估的主要目标是了解展出的效率和效益。由于会展效果的评估涉及会展工作项目与工作成果之间的复杂关系，导致了展会评估目标的复杂化。所以在进行展会评估时应该根据展出目标确立评估的具体目标和主要内容，并依据评估目标的主次，排列优先评估或重点评估的次序。

（二）选择规范的评估标准

会展效果的评估标准系统包括整体成效、宣传效果、接待成果、成交结果等。评估时应该根据展出目标确定展会评估标准的主次。比如，展出目标是推销，就应该把成交结果作为主要评估标准。划定评估标准的主次以后，还应该使其规范化。评估标准的规范化是指评估标准必须明确、客观、具体、协调和统一，也就是明确评估标准的主次、重心；客观地制定切合实际的评估标准；量化评估标准，使之具体化、可操作性强；评估标准之间必须协调并能长期统一，使评估结果更为准确。

我国最早开展系统性展会评估工作的是温州市会展业协会。该协会采用百分记分法对其会员单位举办的所有展会进行评估，每年上半年和下半年各公布一次评估结果。

（三）制订评估方案

根据会展效果的评估目标及标准，确定各阶段具体的评估内容和评估方案，包括各段时间安排与抽样分布、评估的对象和方法、人员安排和经费预算，等等。制订评估方案应包括以下内容：

1. 根据评估项目、对象和方法制订评估方案，明确人员分工，安排各项必要措施。

2. 设计制作各种测评问卷及情况统计表，如参展商问卷调查表、观众问卷表和展览会举办情况统计表等。

3. 小范围预测，修改测评问卷。

4. 对测评人员进行培训，考虑测评困难及问题防范措施。

（四）实施评估方案

1. 通过收集现成资料、安排记录、召集会议、组织座谈、利用调查问卷向参观者收集情况等方式搜集各种信息。

2. 整理收集的信息，处理分析数据。

（五）撰写评估报告

根据不同阶段的效果测评，汇总分析，对整个展览活动过程的效果进行总体评价，写出评估报告。报告内容一般包括评估项目、评估目的、评估过程与方法、评估结果统计分析、评估结论与可行性建议及附录等。

二、会展项目评估的内容

展会评估内容包括：

1. 展台效果优异评估。如果展台接待了70%以上的潜在客户，而客户接触平均成本低于其他展台的平均值，其展台效果就是优异。

2. 成本效益比评估。这里的成本效益比内涵比较宽泛，可以是此次展览的成本与效益相比，也可以是此次的成本与效益与前次或类似项目相比，还可以是展出的成本效益与其他营销方式相比，等等。例如，展出开支为20万元，展出效益（展览成交额）为8000万元，那么成本效益比为1∶400。

3. 成交评估。这里的成交是指消费成交和贸易成交两种。对贸易性的展览会而言，成交评估是展会评估最重要的内容之一。成交评估的内容一般包括：有无达到销售目标；成交额；成交笔数；意向成交额；实际成交额；与新客户成交额，与老客户成交额；展览期间成交额；预计后续成交额，等等。

4. 接待客户评估。这也是贸易展览会最重要的评估内容之一，包括：参观展台的观众数量。可以细分为接待参观者数，现有客户数和潜在客户数。其中潜在客户数是重点。参观展台的观众质量。按照评估内容和标准分类统计观众的订货决定权、建议权、影响力、行业、区域等，然后根据统计情况将参观观众分为“极具价值”“很有价值”“一般价值”和“无价值”等情况。接待客户的成本效益。计算方法是用展览总支出额除以所接待的客户数或者所建立的新客户关系数。

5. 调研评估。即通过展出对市场和产品有无新的了解和认识，有无更明确的发展和努力方向等来进行评估。

6. 竞争评估。指对在展览工作方面和展览效果方面与竞争对手相比较的表现的评估。

7. 宣传公关评估。具体包括宣传公关有无效果，效率、效益多大，是否需要增加投入，提高展出者形象，以及形象对实际成交有多大关系等。展会评估是一个很复杂的体系，其中有些内容还具有一定的争议性，所以评估时应该根据实际情况审慎选择，谨慎操作。

任务三　会展项目评估报告及其应用

展会评估报告是一定类型的载体，反映市场状况的有关信息并包括某些调研结论和建议的形式。展会评估报告是展会评估活动过程的直接结果。展会评估报告必须具备以下要求：

1. 语言简洁，有说服力。

2. 报告必须以严谨的结构、简洁的体裁将调研过程中各个阶段收集的全部有关资料组织在一起，不能遗漏重要的资料，但也不能将一些无关资料统统写进去。

3. 注意仔细核对全部数据和统计资料，务必使资料准确无误。

4. 报告应该对展会评估活动所要解决的问题提出明确的结论或建议。

一、会展项目评估报告的撰写

会展评估报告是会展评估结果的书面载体，以便交流、发布和保存。会展评估结束后，评估结果都应当形成会展评估报告。展会评估报告可能因评估的具体内容而有所分别，但一般来说都应该包含以下几个部分：

1. 评估的背景和目的

在评估背景中，调研人员要对评估的由来或受委托进行该项评估的具体原因加以说明。说明时，最好引用有关的背景资料作为依据，分析展览活动等方面存在的问题。

2. 评估方法

（1）评估对象说明从什么样的对象中抽取样本进行评估。

（2）样本容量抽取多少观众作为样本，或选取多少实验单位。

（3）样本的结构根据什么样的抽样方法抽取样本，抽取样本后的结构如何，是否具有代表性。

（4）资料采集方法。

（5）实施过程及问题处理。

（6）资料处理方法及工具指出用什么工具、什么方法对资料进行简化和统计处理。

（7）访问完成情况说明访问完成率及部分未完成或访问无效的原因。

3. 评估结果

评估结果是将评估所得资料整理出来。除了用若干统计表和统计图来呈现以外，报告中还必须对图表中的数据资料隐含的趋势、关系和规律加以客观描述，也就是说要对评估结果加以说明、讨论和推论。评估结果所包含的内容应该反映出评估目的，并根据评估标准的主次来突出所要反映的重点内容。一般来说，评估结果中应包括展台效果、成本效益与成交笔数、成交额、接待客户数量、观众质量等。

4. 结论和建议

要用简洁明晰的语言做出结论。如阐述评估结果说明了什么问题，有什么实际意义。必要时可引用相关背景资料加以解释、论证。建议是针对评估结论提出可以采取哪些措施以获得更好的效果，或者是如何处理已存在的问题，最好能提供有针对性的行动方案。

任务解决

会展项目评估是会展企业可持续发展的必然要求，开展会展项目评估将促进会展业上水平、建品牌，具有重要的意义和作用。会展项目评估具有现实性、客观性、公正性、全面性和针对性。

在对会展项目进行评估时，对不同的被评估主体评估的要素不同，应有针对性地对展览项目、会议项目和大型活动开展评估。

相关客户的质量概念有三个维面，它们在客户感受决定的众多服务中最为重要。三个维面分别是潜在维面、过程维面和结果维面。潜在维面强调的是客户对于展览公司组织结构和潜力的看法；过程维面涉及的是客户在服务供应中给出的评估；结果维面即客户针对提供的服务过程的绩效判断。

评估报告是会展项目评估的最终成果，在评估报告撰写中，必须遵循客观、公正和实事求是的原则，以便为委托方提供真实和有价值的报告。

实训任务

会展现场参展商评估实训

对某正在进行的会展项目现场进行参展商基本情况调查，并根据展会评估的办法进行参展商评估。

任务分析：

组织分工：教师将按市场调研的工作方法，将学生每3~5人分成一组，组成参展商调查小组，制定展会评估标准，对展会现场参展商进行调查，最终形成《展会参展商评估报告》。

任务研究：评估的成败关键在于评估标准的制定，评估的准确与市场调查方法的运用有紧密联系。

注意事项：在参展商调查前先组织学生制定展会评估标准、参展商调查问卷的时候，教师应给予指导，并把握方案与问卷的准确、适用。

操作步骤：

1. 信息：搜集会展评估标准信息、展会信息、市场调查信息、参展商信息。
2. 决策：依据评估标准分析总结。
3. 计划：团队协商、制定标准、现场走访调查、形成报告。
4. 实施：团队协商、制定标准、市场调查、报告写作。
5. 检查：教师对学生的评估标准与执行方案进行检查，并在现场调查时对学生进行调查指导，最好检查评估报告。

6. 评估：针对每组学生评估过程和所形成的评估报告，进行指导和评估。

项目内容小结

会展评估就是通过数据采集、整理、分析后对所开展的会展项目的运作质量做出客观真实的评价；通过参展商、观众，特别是专业观众的调查，对会展项目的优势和不足，做出定量与定性分析；进行纵、横向分析跟踪对比，发现规律性的特点与特征；评估报告为组织方提供公正、科学的分析依据，并可以达到传播和宣传的目的。

会展评估是一个内容庞大且又复杂的体系。性质不同的展览，其评估的内容也有所不同。此外，一项评估究竟要涵盖哪些内容，应该根据评估的目的和实际情况确定。下表所列的评估内容，是在实施会展评估时可测评的项目，并不等于会展评估的必要指标，仅供评估者根据评估的目的和实际需要加以选择。

分类	会议		展览	
			展览工作（筹备、展台）	展览效果
内容	承办者	主题相关性	展出目标	展台效果
	策划、指导委员会	目标明确性	展台	成本效益比
	秘书处	整体策划	展台人员	成本利润
	发言人	相关活动	设计工作	消费成交
	陪同人员	会议地点	展品工作	贸易成交
	预算	市场宣传	宣传工作	接待客户
	注册	公共关系	管理工作	调研评估
	交通	与会者手册	开支	竞争评估
	娱乐活动、休息	招待会、展览	展览记忆率	宣传

自我评估

1. 进行会展项目评估具有什么重要意义和目的？
2. 会议评估的主要内容有哪些？
3. 进行会展项目评估的基本程序是什么？
4. 依托某一展会活动撰写评估报告。

参考文献

［1］江金波．会展项目管理：理论、方法与实践［M］．北京：清华大学出版社，2014.

［2］莫志明．会展项目管理实务［M］．上海：上海交通大学出版社，2011.

［3］魏仁兴．会展项目管理［M］．大连：大连理工大学出版社，2011.

［4］徐传宏．会展项目策划与组织［M］．重庆：重庆大学出版社，2007.

［5］卢晓．节事活动策划与管理［M］．上海：上海人民出版社，2009.

责任编辑： 李冉冉
责任印制： 冯冬青
封面设计： 何　杰

图书在版编目（CIP）数据

会展项目策划 / 李炼，何祥主编 . -- 北京 ：中国旅游出版社，2017.2

国家骨干高职院校旅游类规划教材

ISBN 978-7-5032-5779-7

Ⅰ.①会…　Ⅱ.①李…②何…　Ⅲ.①展览会—项目—策划—高等职业教育—教材　Ⅳ.①G245

中国版本图书馆 CIP 数据核字（2017）第 033295 号

书　　名： 会展项目策划

作　　者： 李　炼　何　祥
出版发行： 中国旅游出版社
（北京建国门内大街甲 9 号　邮编：100005）
http：//www.cttp.net.cn　E-mail：cttp@cnta.gov.cn
发行部电话：010-85166503
排　　版： 北京旅教文化传播有限公司
经　　销： 全国各地新华书店
印　　刷： 北京盛华达印刷有限公司
版　　次： 2017 年 2 月第 1 版　2017 年 2 月第 1 次印刷
开　　本： 787 毫米×1092 毫米　1/16
印　　张： 8.75
字　　数： 172 千
定　　价： 30.00 元
I S B N　978-7-5032-5779-7

2